U0854735

会计基础理论与实践研究

项　娜　刘春阳　田　军◎著

中国出版集团　现代出版社

图书在版编目（CIP）数据

会计基础理论与实践研究 / 项娜，刘春阳，田军著.
-- 北京 ：现代出版社，2023.6
ISBN 978-7-5231-0336-4

Ⅰ. ①会… Ⅱ. ①项… ②刘… ③田… Ⅲ. ①会计学
—研究 Ⅳ. ①F230

中国国家版本馆CIP数据核字(2023)第084796号

会计基础理论与实践研究

作　　者	项　娜　刘春阳　田　军
责任编辑	田静华
出版发行	现代出版社
地　　址	北京市朝阳区安外安华里504号
邮　　编	100011
电　　话	010-64267325　64245264(传真)
网　　址	www.1980xd.com
电子邮箱	xiandai@ cnpitc.com.cn
印　　刷	北京四海锦诚印刷技术有限公司
版　　次	2023年6月第1版　2023年6月第1次印刷
开　　本	185 mm×260 mm　1/16
印　　张	12.75
字　　数	299千字
书　　号	ISBN 978-7-5231-0336-4
定　　价	58.00元

前言 / preface

会计工作是经济管理工作的得要组成部分。随着我国社会主义市场经济的迅猛发展，我国的会计理论研究和会计改革也在不断深化。

当今世界，互联网、移动通信、云计算、物联网、智慧地球等现代信息技术的应用，催生了网络时代的发展和知识经济时代的到来，迎来了信息技术发展和应用的第三次浪潮。会计信息化也步入了以标准化、知识化、智能化、社会化和产业化为主要标志的第三次浪潮变革期。

会计信息化主要利用现代科学技术尤其是计算机信息技术，使得会计核算工作更加准确与高效。会计信息化促使会计核算工作更多地利用现代信息技术高速发展的成果，推动了会计理论与会计实务的进一步发展与完善，促进了会计管理制度的改革；会计信息化的实现，在很大程度上促进了我国会计行业的发展与完善，对我国会计管理制度改革的深化具有巨大的推动作用。

会计理论框架体系是支持和指导各种经济体制下各个行业会计实践的主要基础所在，可以说，随着市场经济环境的变化，会计理论也产生了变革。在经济环境演变发展的过程中，人们对于会计理论的认识从无到有，从粗放到精细。本书通过对会计学基本理论的描述，使读者了解、掌握会计学的基本理论、基本方法和基本技能，完善经济管理方面的综合知识结构，增强经济管理的认知与操作能力，并对会计工作的整个流程较为详细地做出了总结与分析，为从事会计工作打下一定的基础。

目录/contents

第一章 会计的基础认知

第一节　会计概述

会计是人类生产活动发展到一定阶段的产物。在市场经济条件下，企业作为生产者，其基本职能是要生产出一定的产品，以满足人们的物质与文化生活需要。要对生产经营过程进行管理，并对市场变化做出正确决策，就必须拥有信息。企业内部的经营管理者和外部的经济利害关系人对企业的信息需要是多方面的，既有生产、销售方面的，也有投资、人事等方面的，但最基本、最主要的是财务信息。

“会计”这个词对于我们来说并不陌生，但要说清楚什么是会计并不容易，让我们来了解下会计的定义、产生与发展历史、基本特征。

一、会计的含义

通俗地说，会计就是记账、算账和报账。在我国，“会计”一词产生于西周，主要指对收支活动的记录、计算、考察和监督。人们对会计概念的认识不尽相同。

第一，会计是在社会实践中产生和发展的。会计是从最初只是人们在生产中同时记数的生产职能的附属物，发展为用货币记录、计算劳动成果的独立管理职能。

第二，随着经济的发展，会计逐步发挥它在经济管理方面的作用。会计的记账、算账、报账的会计核算作用，发展为对账务进行审核、检查、预测、决策的会计监督和反馈作用。

第三，随着现代科学技术的发展，会计作用日益显著。会计从具有核算和监督作用扩展为预测、决策、控制、分析多种作用的经济管理活动。长期实践证明，经济越发展，会计越重要。

综上所述，会计的概念概括为：会计是以货币为主要计量单位，以凭证为依据，借助专门的技术方法，对一定单位的资金运动进行全面、综合、连续、系统的核算和监督，旨在提高单位经济效益的一种经济管理活动。即会计是一项管理工作，是一个管理过程，是一个信息系统。

会计是以货币作为主要计量单位，运用一定的程序和方法，对单位的经济活动进行核算和监督，提供反映会计主体经济活动信息的管理活动。

企业通过会计工作，把生产经营过程中的每项经济业务所产生的初始信息（数据）运用原始凭证的方式接收下来，然后利用填制记账凭证、复式记账和账簿登记等专门方法，对初始数据进行分类、记录（储存）、整理和汇总，使之成为具有初步用途的账簿信息，最后，再通过财务报告的编制程序对账簿信息进行进一步的加工，形成会计报表信息，并向有关各方进行报送。

二、会计的产生与发展历史

会计是一项应用技术，同时又是一门古老的学问。人们对它的理性思考由来已久。在人类社会的经济活动中，资源的有限性与人类需求的无限性之间的矛盾始终存在。因此，人们总是尽可能地用最少的消耗获得最大的效益。为此，就必须对物质生产的消耗与产出进行计量、记录、比较。会计作为对物质生产的耗费与产出进行计量、记录的工具，就随着社会生产的发展和经济管理的要求而产生、发展起来。

（一）我国会计历史的演变

第一，会计的萌芽。会计在我国具有悠久的历史，早在原始社会末期就出现了“结绳记事”“刻契记事”“刻木记数”等简单的记录和计算行为来记载劳动成果与劳动耗费，会计并没有成为一项专门的工作。

第二，会计职业的形成。在西周时期，随着社会生产和经济的发展，大量剩余产品的出现，劳动耗费和劳动成果的计量，记录日益频繁，因管理的需要形成了一种专职的、独立的会计活动。专门掌管国家钱粮税赋的官员的官职在当时称为“司会”。“司会”主天下之大计，计官之长，这就是会计这一职业的来历。

第三，会计账簿体系的形成。在西周时期出现的“会计”这一职业，当时就赋予了它清晰的含义。《周礼·天官篇》中指出：“会计，以参互考日成，以月要考月成，以岁会考岁成。”“参互”为十日成事之文书，相当于旬报；“月要”为一月成事之文书，相当于月报；“岁会”则是一年成事之文书，相当于年报。春秋战国时期，把记录会计事项的简册称为“簿书”或“计簿”。而把记录统计事项的简册称为“籍”。在唐宋两朝，我国会计方法有了新的发展。当时在记账规则方面开始有了比较一致的做法，会计账簿和财务报表的设置也日益完备，由流水账（日记账）和眷清账（总清账）组成的账簿体系已初步形成，特别重要的是创建和运用了“四柱结算法”。“四柱结算法”的创建和运用，是对会计学领域的一项重大贡献，为我国通行多年的收付记账法奠定了理论基础。在清代，《孟子·正义》一书中又对“会”和“计”两个字的含义做了一定的区分：“零星算之为计，总合算之为会。”“会”和“计”两字连用，形成一个专门的名词。即特指对财物收支所进行的日常零星的记录、计算和定期汇总工作。在民间以“四柱清册”为基础的“龙门账”“四脚账”等记账方式，充分显示了我国传统簿记的特点。

第四，现代会计的发展。辛亥革命以后，我国引进了西方会计，其对我国会计的发展起到了一定的积极作用。新中国成立后，我国政府制定了一系列会计制度，并于 1985 年公布了第一部《中华人民共和国会计法》（以下简称《会计法》）。随着社会主义经济的发展和扩大对外开放的需要，会计要与国际惯例接轨，在 1992 年 11 月公布了《企业会计基本准则》，开始陆续出台《企业会计具体准则》。1999 年 10 月 31 日，第九届全国人民代表大会常务委员会第十二次会议审议通过了重新修订的《会计法》并于 2000 年 7 月 1 日起施行，为会计工作更好地为社会主义市场经济服务提供了重要的法律保障。2006 年 10 月，财政部颁布了 38 项具体会计准则《企业会计准则——应用指南》，应用指南的第二部分为会计科目及主要账务处理，主要根据具体准则中涉及确认和计量的要求，规定了 156 个会计科目及主要账务处理，基本涵盖了所有企业的各类交易和事项。

（二）世界会计历史的演变

意大利佛罗伦萨银行在 1211 年已用借贷记账法记账，当时人们把这种记账称为“威尼斯簿记法”。1494 年，由意大利数学家卢卡·巴乔利所著的《算术·几何比及比例概要》一书出版，在该书的“计算与记录要论”论题中，比较系统地介绍了“威尼斯簿记法”，并结合数理原理从理论上加以概括，这是复式记账法形成的重要标志。1581 年，威尼斯会计学院的建立，表明会计已作为一门学科在学校里教授。之后，借贷复式记账法便相继传至德、法、英、美、日、中等国家，并得到各国会计学者在理论和技术上的不断发展和完善，直到今日仍为世界各国广泛采用。

（三）中华人民共和国会计核算制度模式的演进过程

①1949—1952 年为初创时期。这一时期最大的成绩是确立中国会计核算制度的基本模

式，将中国传统会计簿记模式和苏联会计思想综合体现在会计核算制度中，改变了旧中国会计工作混乱无序、各自为政的状态。

②1953—1957 年为全盘苏化期。由于苏联与中国在经济规模和经济层次上尚有很大的差别，会计人员的素质也不尽相同，因此，对苏联会计核算制度的照抄照搬，使苏联会计核算模式在中国运用时显得过于烦琐，形成了呆板的条条框框，同时中国簿记彻底退出了历史舞台。

③1958—1978 年为与苏式会计决裂期。这一时期的会计核算制度从不断地简化到有名无实，所有的会计核算制度自动失去其约束力，这种演变是一种强制性和诱致性相互作用的混合变迁。苏联会计中的利润、成本、财产等观念遭到批判，会计核算向更加粗放的形式发展，会计本身所具备的知识性被大大简化，会计核算制度的形象被扭曲。

④1979—1992 年为苏联会计的扬弃期。这个时期会计核算制度是在恢复苏联会计的同时，又依据中国改革中的现实情况对苏式会计核算制度模式进行了适量的调整和变革。注意对苏式会计的经验借鉴和扬弃，使得以前被认为是西方资本主义国家的会计观念被采用。

⑤1992 年至今为与国际会计准则协调发展时期。随着改革的不断深入和市场化的发展，西方国家的示范效应在会计核算制度演变方面起到的作用越来越强。

三、会计的基本特征

根据上述会计的产生和发展过程，说明会计具有以下几个基本特征。

（一）会计是以货币为主要计量单位

会计主要是对经济活动过程中的资金运动进行核算，以取得资金运动的信息，考核资金的运动效果，因而货币成了会计核算的主要计量单位。货币是所有财产物资的统一单位和尺度，所有财产物资和劳动消耗都可以用货币这个统一尺度进行度量，它是总括指标，所有经济活动都可以利用价值形式间接地进行计算，从而取得必要的、连续的、系统的、全面的、综合的会计信息，使经济核算成为可能。

（二）会计是一种经济管理活动

会计的本质就是一项经济管理活动，它属于管理范畴。会计产生于人们管理社会和经济事务的过程，通过参与经营方案的选择、经营计划的制订、经营活动的控制和评价等各种方式直接进行管理，会计工作往往在单位内部管理的整个系统中进行，每一个管理环节都离不开会计人员的参与。因此，会计是一种经济管理活动。

（三）会计是一个经济信息系统

会计是一个旨在提高企业和各单位的经济效益，加强经济管理而建立的以提供财务信息为主的经济信息系统。随着电子计算机的普及和信息时代的来临，会计信息涵盖的范围也在扩大，从单纯的财务信息扩大为一个更能适应具体社会环境要求的经济信息系统。会计作为一个信息系统，通过客观而科学的信息，为管理提供各种数据和咨询服务。

第二节　会计的对象和目标

一、会计的对象

会计对象是指会计所要核算与监督的内容。在我国，企业与机关、事业单位的经济活动不同，其会计对象的内容也有所不同。同样是企业，不同的行业如工业、商业、农业、交通运输业，其会计对象的内容也各有差异。

（一）企业会计对象

企业的经济活动内容主要是生产经营活动。由于各个企业的经济业务不同，其经济活动也不同，资金运动的表现也有所区别。任何事物的运动都有相对静止和显著变动两种形态，资金运动也不例外，也有静态和动态两个方面。

1. 资金运动的静态表现

资金运动的静态表现是指一个企业在一定时点上的资产总值和权益总值。表现为资产和负债及所有者权益的恒等关系，其内容反映在企业的资产负债表中。

2. 资金运动的动态表现

资金运动的动态表现是资金的循环和周转。它反映了一个企业在一定期间的经营成果，它是资金在生产经营过程各个阶段不断转变形态的结果，表现为收入、费用和利润。其内容反映在利润表中。

以商品流通企业为例，企业资金运动主要是按照“货币—商品—货币”的方式不断依次进行。在商品购进阶段，用货币购入商品，货币资金转化为商品资金；在商品销售阶段取得销售收入，商品资金又转化为货币资金。

（二）行政、事业单位会计对象

行政、事业单位会计对象的内容与企业有所不同，它们的经济活动是执行国家预算过程中的预算收入和预算支出。行政、事业单位的预算收支活动也有相对静止和显著变化两个方面的表现，但其具体内容与企业有所不同。预算资金活动的静态表现是指预算资金的使用和来源，如货币资金、固定资产、财政拨款、应交款项等。在执行预算过程中所发生的预算资金收支，如拨款的收入、支用、结存，也构成了预算资金活动的动态表现。

二、会计的目标

会计目标也称会计目的，是要求会计工作完成的任务或达到的标准，有助于财务会计报告使用者做出经济决策。

会计目标主要包括以下两个方面的内容：

第一，向信息使用者提供对决策有用的会计信息。向信息使用者提供有利于其决策的会计信息，它强调会计信息的相关性和有用性，要求会计能提供企业财务状况、经营成果和现金流量等方面的信息。

第二，向资源的提供者报告资源受托管理的情况。由于现代企业的所有权和经营权相分离，企业管理层是受委托经营和管理企业的。企业管理层作为受托者负有对委托者解释、说明其活动及结果的义务，而企业的财务状况、经营成果和现金流量等方面的信息是由会计提供的，因此，会计目标要求会计信息应能充分反映企业管理层受托责任的履行情况，帮助委托者评价企业经营管理和资源使用的有效性。

第三节　会计的职能和核算方法

一、会计的职能

（一）会计的基本职能

会计的职能是指会计在经济管理中所具有的功能，即会计客观上能干什么。会计的基本职能包括会计核算和会计监督。

1. 会计的核算职能

会计核算贯穿经济活动的全过程，它是会计最基本的职能，也称反映职能。它是指会计以货币为主要计量单位，对特定主体的经济活动进行确认、计量和报告，为各有关方面提供会计信息的功能。

2. 会计的监督职能

会计监督职能又称会计控制职能，是指通过预测、决策、控制、分析、考评等具体方法，促使经济活动按照规定的要求运行，以达到预期的目的。会计监督是从价值量上进行的监督。会计核算主要是通过货币计量，提供一系列综合反映企业经济活动的价值指标。而会计监督主要是利用核算职能所提供的各种价值指标进行的货币监督。

（二）会计职能的拓展

会计的基本职能是核算与监督，但随着历史的进展，传统的职能已得到不断充实，新的职能不断出现，各种职能的重要性也发生了变化。例如，随着我国经济体制改革和国民经济发展的需要，为了加强经济核算，讲求经济效益，要求会计工作开展预测经济前景、控制经济过程、参与经济计划和经济决策，把这些职能从核算与监督中分离出来，就更切合实际和符合需要。因此，在会计学术界提出了“会计多功能论”。我国会计学术界一般认为，会计除了核算和监督职能外，还有预测、决策、控制、分析等职能。

二、会计核算方法

会计核算方法是一个完整的科学方法体系。会计核算方法是对经济进行完整、连续和系统的记录及计算，为经营管理提供必要的会计信息所应用的方法，包括设置会计科目和账户、复式记账、填制和审核会计凭证、登记账簿、成本计算、财产清查、编制财务报告、会计资料分析利用八种专门方法。

当交易或事项发生后，首先要取得或填制原始凭证，按统一规定设置会计科目和账户，采用复式记账方法，填制和审核会计凭证，据以登记账簿，根据账簿记录及其他有关资料，采用一定方法计算成本，期末通过财产清查，在保证账实相符的基础上编制财务报告，并对会计资料进行分析利用。

（一）会计核算方法体系

设置会计科目和账户、复式记账、填制和审核会计凭证、登记账簿、成本计算、财产清查、编制财务报告等专门方法相互联系、紧密结合，共同构成了会计核算方法体系。会计核算方法体系各个方法之间相互协作，确保会计工作有序进行（见表 1-1）。

表 1-1　会计核算方法

会计核算方法	具体介绍
设置会计科目和账户	根据会计对象的具体内容和组织管理要求，事先规定分类核算的项目，并在账簿中据以开设账户，以便取得所需要的核算指标
复式记账	对每一项经济业务都以相等的金额同时在两个或两个以上的相互联系的账户中进行记录的一种方法
填制和审核会计凭证	以会计凭证作为记账的依据，保证会计记录真实、完整、可靠，审查经济活动是否合理、合法的一种专门方法
登记账簿	根据审核无误的会计凭证，在账簿上进行全面、连续、系统记录的方法
成本计算	对生产经营过程中所发生的各种费用，按照一定对象和标准进行收集和分配，以计算确定各对象的总成本和单位成本的方法
财产清查	对各项财产物资、往来款项等进行实物盘点和清查，将清查盘点的结果与账面结存数相核对，以确定账实是否相符。如果清查中发现账实不符，应分析原因，明确责任并调整账面记录，使账实相符。进行财产清查一方面是可确保会计记录正确；另一方面能够保证企业财产的安全完整，促使企业加强资产管理
编制财务报告	对日常会计核算的总结就是将账簿记录的内容定期地加以分类、整理和汇总，提供为经济管理所需要的会计核算指标的方法

（二）会计循环

会计循环是指按照一定的步骤反复运行的会计程序。即从填制和审核会计凭证到登记账簿，直至编出财务报告周而复始的变化过程。概括来看，会计核算工作的程序主要有三个环节：填制和审核会计凭证、登记账簿和编制财务报告。在一个会计期间，所发生的经济业务，都要通过这三个环节进行会计处理，将大量的经济业务转换为系统的会计信息。

第四节　会计核算的前提及基础

会计核算的基本前提是为了保证会计工作的正常进行和会计信息的质量，对会计核算的范围、内容、基本程序和方法所作的假定，并在此基础上建立会计原则。会计准则是会计核算工作的基本规范，它以《会计法》为指导，就会计核算的原则和会计处理方法及程序做出规定，为制定会计制度提供依据。我国会计准则包括基本准则和具体准则两个层次，会计核算前提及会计信息质量标准为基本准则的内容。

一、会计核算的前提

会计核算的基本前提又称会计假设，是会计人员对会计核算所处的变化不定的环境做出的合理判断，是会计核算的前提条件。会计核算的基本前提，是人们在长期的会计实践中逐步认识和总结的基础上形成的。会计核算的基本前提主要包括会计主体、持续经营、会计分期和货币计量四项。

会计核算对象的确定、会计方法的选择、会计数据的收集都要以这一系列的基本前提为依据。会计核算的基本前提是会计核算的基本依据，也是制定会计准则和会计核算制度的重要指导思想。

（一）会计主体

企业应当对其本身发生的交易或者事项进行会计确认、计量和报告。这就是会计主体假设，又称会计个体假设。其基本含义是：会计确认、计量和报告是用来说明特定企业个体所发生的交易或事项的，对该特定个体的各项生产经营活动的记录和反映应当与其所有者的活动、债权人的活动以及交易对方的活动相分离。

会计主体是指会计工作为之服务的特定单位和组织。会计主体假设规定了会计工作的空间范围，会计只能核算和监督其特定主体的经济活动，只能计量、记录和报告其特定主体的资金运动及其结果。作为会计主体的特定单位，可以是一个法人单位，也可以是不具备法人资格的经济实体，如具有独立资金并能单独核算生产经营成果的企、事业内部单位；可以是一个独立的企业，也可以是由若干独立企业组织起来的、需要编制合并财务报告的公司或企业集团。企业、事业、机关等单位只要能控制一定经济资源并对此承担法律责任，能进行独立核算，都可以成为会计主体，典型的会计主体是企业。

（二）持续经营

在市场经济条件下，激烈的市场竞争使企业被淘汰、兼并的可能性随时存在，但这仅仅是一种可能性，会计处理如果以这种可能性为依据来进行，就会给会计工作带来很大的困难。既然不能确定一个会计主体何时会破产，那么就不如假定它可以无限期地持续经营下去。这种假定的合理性在于：第一，每个企业都有长期生存下去的愿望，为企业服务的会计以企业的愿望为假定前提，是顺理成章的；第二，就大多数企业来说，它们是会持续经营下去的，破产清算的只是少数。

事实上任何企业都存在破产、清算的风险，也就是说，企业不能持续经营的可能性总是存在的。一旦判定企业不符合持续经营前提，就应当改变会计核算的方法。

（三）会计分期

会计分期是指企业应当划分会计期间，分期结算账目和编制财务会计报告。会计期间分为年度和中期。年度是指一个完整的会计年度的报告期间，中期是指短于一个完整的会计年度的报告期间。会计分期假设的基本含义是：连续不断的经营过程可以被划分为相等的时间单位，以便对企业的经营状况进行及时、连续的反映。这种为了会计核算的需要而人为划分的、相等的时间单位，称为会计分期。

会计分期是指将企业持续不断的生产经营活动人为地划分为若干会计期间，以便分期核算资金运动，报告经营成果。它是对持续经营假设的必要补充。基本的会计期间是 1 年，称为会计年度。

在实际工作中，一个会计年度还要按月份、季度进行结账、报账。会计年度与国家的财政年度一般是一致的。我国会计准则规定，会计年度的起讫日期是公历 1 月 1 日到 12 月 31 日，称为日历年度。日本、加拿大等国则是从 4 月 1 日到第二年 3 月 31 日，称为 4 月制会计年度。美国是从 10 月 1 日到第二年 9 月 30 日。澳大利亚、埃及则是从 7 月 1 日到第二年 6 月 30 日。

（四）货币计量

货币计量是指会计主体在会计核算过程中采用货币作为计量单位，记录、反映会计主体的经营情况，并假定在不同时期货币本身的币值不变。可见，货币计量假设包含两层含义：一是一切作为会计事项的经济活动均能用货币计量；二是假定货币币值是稳定不变的。会计计量是会计记录的前提。单位可能发生各种各样的经济活动，不同特点的经济活动可以用不同的计量单位进行计量，当存在不统一的计量单位时，无法进行汇总、比较。

货币计量以货币价值不变、币值稳定为条件，对于货币购买力的波动不予考虑。货币本身的币值是不稳定的，币值变动时有发生，也就是说，货币并不是一个充分稳定的计量单位。这就需要假定币值不变。

在货币计量前提下，我国企业会计通常应当以人民币为记账本位币。业务收支以人民币以外的货币为主的企业，可以选定其中一种货币作为记账本位币，但是编制的财务会计报告应当折算为人民币。在境外设立的中国企业向国内报送的财务会计报告，应当折算为人民币。

二、会计核算基础

会计核算基础，也称会计处理基础，是指确定收入和费用归属期间的标准。收入和费用的收付期间与归属期间是否一致，可归纳为以下三种情况：收入和费用的收付期间与归属期间是一致的；本期收入和支付的款项不应归属于本期；应归属于本期的收入和费用尚未收款或付款。

会计核算的基础有权责发生制和收付实现制两类。简单地说，权责发生制是以归属期为标准来确认各个会计期间的收入和费用的，收付实现制是以款项的收付期为标准来确认各个会计期间的收入和费用的。不同类型的会计主体，其提供会计信息的目的和经济业务存在差异性，可采用不同的会计核算基础。

（一）权责发生制

权责发生制要求凡是当期已经实现的收入、已经发生和应当负担的费用，不论款项是否收付，都应当作为当期的收入、费用；凡是不属于当期的收入、费用，即使款项已经在当期收付了，也不应当作为当期的收入、费用。

权责发生制主要是从时间上规定会计确认的基础，其核心是根据权、责关系的实际发生期间来确认收入和费用。根据权责发生制进行收入与成本、费用的核算，最大的优点是，更加准确地反映特定期间真实的财务状况及经营成果。

权责发生制由于能比较真实、合理地反映企业的财务状况和经营成果，故广泛用于经营性企业，而收付实现制处理方法相对简单，显然对各期收益的确定不够合理，主要用于不需明确收益的行政事业单位。

（二）收付实现制

与权责发生制相对应的一种会计基础是收付实现制，它是以收到或支付的现金作为确认收入和费用等的依据。目前，我国的行政单位会计采用收付实现制；事业单位会计除经营业务可以采用权责发生制外，其他大部分业务采用收付实现制。表 1-2 为权责发生制与收付实现制的比较。

表 1-2　权责发生制与收付实现制的比较

<table>
<tr><th colspan="2">比较项目</th><th>权责发生制</th><th>收付实现制</th></tr>
<tr><td colspan="2">基本原则</td><td>以收入或费用的归属期为标准</td><td>以是否收到或支出现金为标准</td></tr>
<tr><td rowspan="4">费用处理</td><td>支付前期费用</td><td>不作为当期费用
（前期已作费用处理）</td><td>作为当期费用
（前期未作费用处理）</td></tr>
<tr><td>支付当期费用</td><td>作为当期费用</td><td>作为当期费用</td></tr>
<tr><td>预付后期费用</td><td>不作为当期费用（作后期费用）</td><td>作为当期费用</td></tr>
<tr><td>本期费用暂欠</td><td>作为当期费用</td><td>不作为当期费用
（支付时作为费用）</td></tr>
<tr><td rowspan="4">收入处理</td><td>收到前期
销售收入</td><td>不作为当期收入
（已作为前期收入）</td><td>作为当前费用
（前期没有作为收入）</td></tr>
<tr><td>收到当期
销售收入</td><td>作为当期收入</td><td>作为当期收入</td></tr>
<tr><td>本期销售
收入暂欠</td><td>作为当期收入</td><td>不作为当期收入
（以后收到作为收入）</td></tr>
<tr><td>预收销售收入</td><td>不作为当期收入（提供商品、劳务时确认收入）</td><td>作为当期收入</td></tr>
</table>

第五节　会计信息质量要求及会计法规体系

一、会计信息质量要求

会计工作的基本任务就是将与企业财务状况、经营成果和现金流量等有关的会计信息提供给会计报告使用者，而会计信息的质量要求是对企业财务报告中所提供的会计信息质量的基本要求，它是评价会计工作成败的标准。会计核算的一般原则是进行会计核算的指导思想和衡量会计工作成败的标准。具体包括两个方面，即衡量会计信息质量方面的一般原则，确认和计量方面的一般原则。

（一）可靠性

可靠性要求企业应当以实际发生的交易或者事项为依据进行确认、计量和报告，如实反映符合确认和计量要求的各项会计要素及其他相关信息，保证会计信息真实可靠，内容完整。企业的会计信息要满足会计信息使用者的决策需要，就必须内容真实，数字准确，资料可靠，而为了确保真实，会计信息应经得起验证。

（二）相关性

相关性是指企业所提供的会计信息应与财务会计报告使用者的经济决策相关，有助于财务会计报告使用者对企业过去、现在或者未来的情况作出评价或预测。这里所说的相关，是指与决策相关，有助于决策。如果会计信息提供后，不能帮助会计信息使用者进行经济决策，就不具有相关性，因此，会计工作就不能完成会计所需达到的会计目标。

（三）可理解性

可理解性要求企业的会计信息应当清晰明了，便于财务报告使用者理解和使用。可理解性要求会计记录和财务会计报告必须清晰明了、简明扼要，数据记录和文字说明一目了然地反映出经济活动的来龙去脉。

一方面，会计信息从产生到报表无疑要经过专业会计人员的加工处理，但处理结果即会计报表应当是通俗易懂的。该原则要求基本不懂会计的人都能理解会计信息，即要使会计信息简明易懂，能清晰地反映企业经济活动的来龙去脉。所以，我们在会计报表中大量使用“库存现金”“银行存款”“原材料”等通俗易懂的名词，而尽量避免过分专业而难于理解的名词。

当然，另一方面，信息使用者必须具备一定与企业经营活动相关的会计知识，并愿意付出努力去研究这些信息。

（四）可比性

可比性是指企业提供的会计信息应当具有可比性，包括两个方面的质量要求。

1. 横向可比

企业可能处于不同行业、不同地区，经济业务发生在不同地点，为了保证会计信息能够满足经济决策的需要，便于比较不同企业的财务状况和经营成果，不同企业发生相同的或者相似的交易或事项，应当采用国家统一规定的相关会计方法和程序。

2. 纵向可比

同一企业不同时期发生的相同或相似的交易或事项，应当采用一致的会计政策，不得随意改变，便于对不同时期的各项指标进行纵向比较。在此准则要求下，企业不得随意改变目前所使用的会计方法和程序。一旦做出变更，也要在会计报告附注中作出说明。例如，存货的实际成本计算方法有先进先出法、加权平均法等。

（五）重要性

重要性要求企业提供的会计信息应当反映与企业财务状况、经营成果和现金流量等有关的所有重要交易或者事项。

重要性的应用应从项目的性质和金额大小两方面来判断其重要性。

在评价某些项目重要性时，很大程度上取决于会计人员的职业判断。

可见，运用重要性原则，一方面可使会计人员适当简化核算程序，减少核算工作量；另一方面也可使会计信息使用者抓住重点和关键，从而更好地利用会计信息。运用此原则的关键是如何确定什么是重要的经济业务。一般应根据企业规模与业务涉及的金额大小来确定。

（六）谨慎性

谨慎性原则又称稳健性原则，是指企业对交易或事项进行确认、计量和报告应当保持应有的谨慎，即在存在不确定因素的情况下，不应高估资产或者收益，低估负债或者费用，对于可能发生的损失和费用，应当加以合理估计。企业经营存在风险，实施谨慎性原则，对存在的风险加以合理估计，就能在风险实际发生之前化解并防范风险，有利于企业做出正确的经营决策，有利于保护所有者和债权人的利益，有利于提高企业在市场上的竞争力。

（七）及时性

及时性要求企业对于已经发生的交易或者事项，应当及时进行会计确认、计量和报告，不得提前或者延后。在会计核算过程中贯彻及时性，一是要及时收集会计信息，即在经济业务发生后，及时收集整理各种原始单据或者凭证；二是要及时处理会计信息，即按照会计制度统一规定的时限，及时编制出财务会计报告；三是要及时传递会计信息，即在统一规定的时限内，及时将编制的财务报告传递给财务报告使用者，以供其及时参考、使用。

（八）实质重于形式

实质重于形式要求企业应当按照交易或事项的经济实质进行会计确认、计量和报告，不应仅以交易或者事项的法律形式为依据。在具体会计实务中，交易或事项的经济实质往往存在着与其法律形式明显不一致的情形，如果会计核算仅仅按照交易或事项的法律形式进行，而其法律形式又没有反映其经济实质和经济现实，那么其最终结果将会误导会计信息使用者的决策。

二、会计法规制度体系

会计法规是由国家和地方立法机关以及中央、地方各级政府和行政部门制定颁发的有关会计方面的法律、法规、制度、办法和规定等。会计法规制度体系主要包括会计法律、会计准则和会计制度等会计核算方面的法规。

（一）会计法律

1.《中华人民共和国会计法》（简称《会计法》）

《会计法》是会计领域的基本法。《会计法》由全国人民代表大会常务委员会制定，以国家主席令的形式发布，是我国从事会计工作、办理会计事务的法律规范，是拟定各项会计法规、准则、制度的基本法律，是我国会计法规的母法和根本大法。

《会计法》于 1985 年 1 月 21 日由第六届全国人民代表大会常务委员会第九次会议通过，并于当日由中华人民共和国主席第 21 号发布，自 1985 年 5 月 1 日起施行。为适应我国社会主义市场经济的发展和深化改革的需要，1993 年和 1999 年我国对《会计法》进行了两次修订。

新修订的《会计法》共七章，五十二条，分别为总则、会计核算、公司与企业会计核算的特别规定、会计监督、会计机构和会计人员、法律责任和附则。修订后的《会计法》自 2000 年 7 月 1 日起施行。2017 年 11 月 4 日第十二届全国人民代表大会常务委员会第三十次会议《关于修改〈中华人民共和国会计法〉等十一部法律的决定》第二次修正。

新《会计法》是针对会计人员工作中存在的主要问题而制定的，只对会计核算和会计监督等会计基本工作职能提出了要求规范，没有对会计人员参与经济预测和决策，进行会计控制、分析、考评等方面提出具体要求。同时作为会计根本大法的《会计法》具有高度的概括性和原则性，该法只针对会计工作中最基本的、最主要的、需要和能够辨别合法与非法界限的，并要强制执行的内容做出了规定。比如《会计法》只对会计凭证的填制和审核、账簿的登记、会计报表的编报等提出原则要求，作为辨别合法与否的标准。至于填制、审核、登记的具体操作方法，在《会计法》中则没有必要做出具体的规定，这些问题在其他会计法规如《会计基础工作规程》中加以明确。

修订后的《会计法》，补充、完善了会计核算和会计记账的基本制度和基本规则，强化了单位负责人对本单位会计工作和会计资料真实性、完整性负责的责任制，加强了对会计人员的资格管理，强化了会计活动的制约和监督，加大了对违法行为的处罚力度，适应了当前经济和财务管理的需要。其主要表现为以下几个方面。

①明确规定了单位负责人对本单位的会计工作和会计资料的真实性、完整性负责。明确了单位负责人与会计机构各成员的工作责任关系及正确处理这些关系的法定性原则。

②防范会计信息失真责任体系的建立固然重要，但要发挥其作用，关键在于不断地维护和强化这个体系。故而，新《会计法》中专门规定了较为具体的禁则和罚则，即实行或不实行某种行为的界限，而原法在这方面的规定却不是很具体。

③新《会计法》明确了执行主体——县级以上人民政府的财政部门，而原法对这方面的规定则不甚明确。

2.《中华人民共和国注册会计师法》（简称《注册会计师法》）

《注册会计师法》于 1993 年 10 月 31 日由第八届全国人大常委会第四次会议审议通过，并于 1994 年 1 月 1 日施行。《注册会计师法》共七章，四十六条，包括总则、考试和注册、业务范围和规则、会计师事务所、注册会计师协会、法律责任和附则。

（二）会计行政法规

会计行政法规是指由国务院制定并发布，或者国务院有关部门拟订并经国务院批准发布，调整经济生活中某些方面会计关系的法律规范。它是根据《会计法》制定的，是对会计法律的具体化和补充。我国现行的会计行政法规主要是国务院发布的《企业财务会计报告条例》和《总会计师条例》等。

《企业财务会计报告条例》由国务院于2000年6月21日发布，自2001年1月1日起实施。它共分六章，四十六条，包括总则、财务会计报告的构成、财务会计报告的编制、财务会计报告的对外提供、法律责任和附则。

《总会计师条例》由国务院于1990年12月31日发布，自发布之日起施行。它共分五章，二十三条，包括总则，总会计师的职责、权限、任免与奖惩和附则。

（三）会计部门规章

1. 企业会计准则

会计准则是会计核算工作的基本规范。它处于会计工作规范体系的第二个层次，主要就会计核算的原则和经济业务的会计处理方法及程序做出规定。它是我国企业会计核算工作的基本规范，以《会计法》为指导，同时又指导会计制度，是会计制度的制定依据。

我国的企业会计标准自20世纪50年代至20世纪90年代初，一直采用企业会计制度的形式。我国自1988年起开始研究起草企业会计准则。1992年11月经国务院批准，财政部以部长令的形式，正式发布了《企业会计准则》，规定从1993年7月1日起正式施行。这是我国会计改革的一项重要措施，标志着我国企业会计工作进入了一个新的发展时期。

我国的企业会计准则分为基本会计准则与具体会计准则两个层次。1993年实施的《企业会计准则》属于基本会计准则，它主要就企业财务会计的一般要求和主要方面做出原则性的规定，为制定具体会计准则和会计制度提供依据。它包括四个部分：会计核算的基本前提、会计核算的一般原则、会计要素准则、会计报表的基本内容与要求。

基本会计准则颁布之后，具体会计准则的制定被提上议事日程，1997年上半年正式发布了一项具体会计准则：《企业会计准则——关联方关系及其交易的披露》。截至2001年年年底，共发布具体会计准则16项。2006年2月15日，财政部在对原基本会计准则作重大修订的基础上，发布了《企业会计准则——基本准则》和38项具体会计准则。2014年1月至7月，财政部修订了基本会计准则及5项具体准则，并颁布了3项具体准则。2017年又颁布了1项具体准则。至此，财政部共颁布了42项具体准则，标志着我国已基本建立起既适合中国国情又与国际会计准则趋同的能够独立实施的企业会计准则体系。

2. 会计制度

从广义上讲，会计制度应该包括会计工作制度、会计人员管理制度和会计核算制度等内容，而习惯上所称的会计制度仅指会计核算制度。

虽然我国在1992年颁布了会计准则，并于1993年7月1日起正式执行。但由于受我国长期计划经济等国情的制约，全国制定及推行企业会计准则存在一些现实问题。因此，为了保障各企业的会计报表能够统一可比，层层汇总，满足国家宏观调控的需要，并规范企业会计工作，财政部采取了制定、公布分行业会计制度的办法，从而形成了企业会计准则和企业会计制度长期并存的局面。总体来说，我国先后共制定了 13 个行业会计制度和 1 个股份有限公司会计制度。这 13 个行业会计制度包括工业企业会计制度、邮电通信企业会计制度、施工企业会计制度、房地产开发企业会计制度、对外经济合作企业会计制度、金融企业会计制度、农业企业会计制度、民航企业会计制度、铁路运输企业会计制度、保险企业会计制度等。

新颁布的《企业会计制度》的最大特点就是统一性强。按照《企业会计制度》的要求，各行业在会计核算的一般原则上实现了高度统一；在会计科目的使用和会计报表的项目、内容上实现了高度统一；在会计处理方法和程序上实现了高度统一。各行业根据《企业会计准则》的要求，参照分行会计制度，结合企业的具体情况，制定本企业会计制度正确进行账务处理。

新《企业会计准则》体系实现了与国际会计准则的“实质性趋同”，随着会计准则完善和运用的不断深入，企业会计制度的模式将最终被舍弃，用准则代替制度是会计国际化发展的必然。考虑到我国国情，财政部还是审慎地保留了企业会计制度的基本内容，但不再颁布并执行单独的企业会计制度，而是将其作为企业会计准则应用指南，以《企业会计准则应用指南会计科目和主要财务处理》的形式出现。会计准则体系的三个层次（基本准则、具体准则和应用指南）均具有强制性，企业必须执行。但是与以前的企业会计制度相比，会计科目和主要账务处理不再与企业会计准则处于平行地位。当会计科目和账务处理与基本准则和具体准则相冲突时，企业应当以基本准则和具体准则的规定为准并执行。

除此之外，会计法规体系还包括一些会计规章制度以及单位内部的一些具体的管理制度、各种法律、法规。

第二章 会计要素及会计科目

第一节 会计要素

会计要素是对会计对象的基本分类，是会计对象的具体化，是反映会计主体财务状况和经营成果的基本单位。会计科目是对会计要素进行分类的项目，它必须结合会计要素的特点来设置。只有通过对会计要素内容的再分类，确定科学合理的会计科目，才能对经济活动进行连续、系统、全面的记录和反映，为信息使用者提供更为全面有效的信息。

一、会计要素的概念

我国《企业会计准则》界定六个会计要素，即资产、负债、所有者权益、收入、费用和利润。财务会计报告按照这六个要素进行分类计算和处理，从而形成会计信息处理的基础。那么，这些会计要素究竟有什么含义呢？

以货币形式为主、其他形式为辅计量的企业经济活动是一种资金运动。会计工作所加工处理的对象正是这种资金运动。在一个企业中，资金运动表现得极为复杂。例如服装批发公司，资金投入后常见的是货币资金形态，采购服装后便形成了成品资金形态，在销售完服装以后获得资金回笼，因此又变回货币资金形态，从而可以再进行资金分配或退出。如果发生了赊购和赊销行为，货币资金形态由结算资金形态表现。如果企业形式换成制造业、建筑业等企业，以货币资金购买的原材料等物资形成储备资金状态，在经过加工制造过程的生产资金状态后，才能到达成品形成后的成品资金状态。这些状态不断循环交替，反映出一个企业的资金投入和退出的日常运动状态。

按照经济特征对上述复杂的资金运动（会计的对象）加以分类便形成了会计要素。会计要素就是会计对象的具体表现，是反映企业财务状况和经营成果的基本单位。它帮助会计人员将纷乱繁杂的经济业务以分类和汇总的方式加工成全面而系统的信息。在分别反映企业财务状况和经营成果的财务报表中，六个会计要素就是基本组成部分。因此，会计要素又被称为财务报告要素。对会计要素的规定，各国存在一定的差异。国际会计准则委员会（IASC）和美国财务会计准则委员会（FASB）分别定义了五个和十个会计要素。我国的《企业会计准则》吸纳了《国际会计准则》的界定特点，设置了六个会计要素，要素的定义接近《国际会计准则》标准。在这六个要素中，资产、负债和所有者权益属于静态要素，反映一个时点的静态状况；收入、费用和利润属于动态要素，反映一个时段里的动态成果。企业应当按照交易或者事项的经济特征来确定会计要素。理解会计要素的具体内容是掌握会计语言的基础，也是区分和处理具体业务问题的依据，对于学习本书后面的内容有着至关重要的作用。

二、会计要素的内容

（一）资产

1. 定义和特征

资产是会计要素中最为重要的一个，是所有会计要素内在有机联系的核心。会计学上的“资产”在经济学上是“经济资源”的概念，正因为有了这些资源，才会有资源的所有权问题，才会有这些资源的流入与流出问题，也才会有所有者权益、负债、收入、费用等问题。

资产在《企业会计准则》中的定义是：“资产是指企业过去的交易或者事项形成的、由企业拥有或者控制的、预期会给企业带来经济利益的资源。”资产是包括各种财产、债权和其他权利在内的经济资源。一些资产具有实物形态，比如房屋建筑物、商品、运输工具和机器设备，一些资产并没有有形的形态，比如客户应该付给企业的款项、专利权或者土地使用权等。但无论是以哪种形态存在的资产，都具有以下三个特征。

①资产是由企业过去的交易或者事项形成的。这意味着会计记录和报告的是已经发生的经济业务，比如已经发生的购买、生产、建造行为或者其他交易或事项。能够使企业获得经济利益、控制别人获得这种利益的交易或其他事项必须是已经发生的。预期在未来发生的交易或者事项不形成资产。所以将可能要发生并可能获得的资产进行提前确认是不被允许的。只有当资产上的风险和报酬转移到企业后，才能考虑确认为资产。

②资产是由企业拥有或者控制的。这意味着企业享有某项资源的所有权，或者虽然不享有某项资源的所有权，但该资源能被企业控制。比如融资租入的固定资产，虽然企业没

有所有权，但是企业可以实际控制和支配这些资产，因此，如果这些资产仍符合资产的确认条件和其他特征，在资产负债表上就能确认为企业的资产。

③资产预期能够给企业带来经济利益。这意味着资产具有直接或者间接导致现金和现金等价物流入企业的潜力，强调了资产的有用性或者营利性。资产是企业拥有或者控制的，但是企业拥有或者控制的资源未必都是资产，未来不能给企业带来经济利益的就不是资产。有些资源原来是可以给企业带来未来经济利益的，但由于后来情况发生了变化，比如一项专有技术被另外的新技术取代，没有了转让价值，就不能再被确认为资产。如果一幢建筑物的可收回金额低于其账面价值，说明可以带来的未来经济利益减少了，就需要提取减值准备。

2. 确认条件

资源在满足上述三个特征以后，还必须具有以下两个确认条件才可以被列入资产负债表。

①与该资源有关的经济利益很可能流入企业。比如已经签订购买合同的商品，虽然销售商还没有将其运出仓库或没有送到购买方企业所在地，但是由于所有权已经转移给购买方企业，商品上所含的经济利益（比如涨价后的利益）已流入购买方企业，所以应将其视作购买方的资产。

②该资源的成本或者价值能够可靠计量。可靠计量是指必须取得确凿、可靠的证据，并且具有可验证性。对于符合资产的定义但不符合资产的确认条件的项目，应在会计报告附注中进行相关批注。

3. 主要内容

资产的构成内容相对比较多，分类方法也有很多。使用最多的是按照流动性进行的分类。所谓资产的流动性，就是指在不需要大幅度价格让步的情况下，资产转换为现金、出售或者耗用的速度，以此表现资产带来未来现金流量的能力。按照流动性不同，资产主要可分为流动资产和非流动资产（长期资产）。

①流动资产。流动资产是指主要以交易目的而持有的，或者预计能够在一个正常营业周期内变现、出售或者耗用的资产。正常营业周期是指企业从购买用于加工的资产起至实现现金或现金等价物的期间。正常营业周期通常短于一年。生产周期较长等导致正常营业周期长于一年的，尽管相关资产往往超过一年才变现、出售或耗用，但其仍应当划归为流动资产。正常营业周期不能确定的，应当以一年作为正常营业周期。流动资产具有形态改变快、周转快和流动性强的特点，包括库存现金、银行存款、应收账款、预付账款、存

货等。

银行存款：核算企业存入银行和其他金融机构的各种存款。应收账款：核算企业因销售商品、提供劳务等应收取的款项。预付账款：核算企业按照购货合同规定预付给供货单位的款项。存货：比如，在服装批发公司这样的商业企业中，存货包括库存商品、包装物和低值易耗品等。在制造业企业中，流动资产还包括原材料、在产品和自制半成品等。

②非流动资产。非流动资产是指除流动资产以外的资产，它具有形态相对稳定、周转慢和流动性较弱等特点。非流动资产包括长期股权投资、固定资产、无形资产和长期待摊费用等。下面简单介绍其中两个重要项目。

固定资产：使用年限超过一年的房屋、建筑物、机器设备、运输设备以及其他与生产经营有关的设备、器具等，不属于生产经营主要设备的物品，单位价值在 2 000 元以上，并且使用年限超过两年的，也应当作为固定资产。

无形资产：企业拥有或者控制的、没有实物形态的、可辨认非货币性资产，包括专利权、著作权、商标权、非专利技术和土地使用权等。

除了按照流动性分类，还可以依据其他标准将资产划分为核心资产和非核心资产、货币性资产和非货币性资产、金融资产和非金融资产等。

（二）负债

1. 定义和特征

负债的定义和资产的定义相呼应。《企业会计准则》将负债定义为："负债是指企业过去的交易或者事项形成的、预期会导致经济利益流出企业的现时义务。"负债是企业的一种经济义务或者经济责任，代表了债权人对借款人的资产的要求权，它具有以下特征。

①负债是由企业过去的交易或者事项形成的。预期在将来要发生的交易或者事项可能产生的债务不能作为负债。

②负债是企业现时的义务，指企业在现行条件下已承担的义务，而不是潜在的义务。

③清偿债务将会导致企业未来经济利益的流出。企业往往会在将来把本企业拥有或者控制的资产或劳务转移给对方以清偿债务，也可以通过转化为所有者权益的方式来清偿债务。不论什么方式的偿还，最终都表现为含有经济利益的经济资源的减少。这是和资产相对应的特征。

2. 确认条件

一项义务在符合负债定义的同时，还必须满足以下两个确认条件才可以在资产负债表中作为负债列示。这些确认条件也是与资产的确认条件相对应的。

①与该义务相关的经济利益很可能流出企业。

②未来流出的经济利益的金额能够可靠计量。

3. 主要内容

负债一般根据偿还期限的长短划分为流动负债和非流动负债（长期负债）。

①流动负债。流动负债是指主要为交易而持有的，或者将在一个正常营业周期内偿还的债务。它包括短期借款、应付票据、应付账款、预收账款、应付股利、应付职工薪酬、应交税费、其他应付款等。下面简单介绍短期借款、应付账款和预收账款。

短期借款：核算企业向银行或者其他金融机构等借入的期限在一年以及一年以内的各种借款。

应付账款：核算企业因购买材料、商品和接受劳务供应等而应付给供应单位的款项。

预收账款：核算企业按照合同规定向购货单位预收的款项。

②非流动负债。非流动负债是指流动负债以外的负债，包括长期借款、应付债券和长期应付款等。一项长期借款如果在资产负债表日之后的一年内到期，则应当在流动负债中列示。下面简单介绍长期借款和应付债券。

长期借款：核算企业向银行或者其他金融机构等借入的期限在一年以上的各种借款。

应付债券：核算企业通过发行公司债券方式募集资金所需要归还的债务。这和企业拥有闲余资金、对外进行投资、购买其他公司发行的债券等是不同的：前者是一项负债，后者则作为企业的资产，根据时间长短可以分为交易性金融资产和持有至到期投资等。

（三）所有者权益

1. 定义和特征

所有者权益在《企业会计准则》中的定义为：“所有者权益是指企业资产扣除负债后由所有者享有的剩余权益。”公司的所有者权益又被称为股东权益。

权益是资产所有者对其资产享有或可以主张的权利。债权人在企业中拥有的权益通过企业的负债要素来体现；企业所有者的权益，顾名思义，就是通过所有者权益要素来体现。

负债和所有者权益两个要素共同反映企业的权益。

所有者权益具有以下特征。

①所有者权益的余额取决于资产和负债的计量，是由资产和负债的差额决定的，所以

又被称为净资产。

②所有者权益是一种“剩余权益”。这里的“权益”表明：虽然所有者权益从形式上等于资产减去负债，但是所有者权益并不是这个差额本身，而是指对这个差额所拥有的权益，即投资人对投入的资本及其运用所产生的结果享有的所有权、占用权、处置权、分配权等要求权。“剩余”则说明该权益对企业资产的要求权是在负债之后的。企业对债权人同样负有经济责任，债权人对企业资产的要求权，从法律角度上优先于投资人。所以所有者享有的是剩余资产的要求权。

③在企业持续经营的情况下，所有者投入的资金一般不能收回。所有者可以享受长期的权益，直到企业破产清算后结束。所有者可以获得的分红没有确定的金额。而债权人的权益却有着明确的时限和金额。同样是权益，所有者和债权人在企业享受着不同的权益内容，这是由他们一开始选定的。通过债转股等方式，他们可以选择转换角色，比如从债权人身份转换成所有者身份。

2. 来源

所有者权益的来源包括所有者投入的资本、留存收益、直接计入所有者权益的利得和损失等。

所有者投入的资本很容易理解。留存收益是企业从历年实现的利润中提取或者形成的留存于企业内部的积累，来源于企业的生产经营活动所实现的利润。留存收益是投资者的原始投资在企业内部滋生并留存下来的部分。

利得和损失是区别于收入和费用的两个概念，它们是指企业边缘性或偶发性交易或事项所形成的经济利益的流入或流出。

直接计入所有者权益的损失则是指企业非日常活动所发生的、会导致所有者权益减少的、与向所有者分配利润无关的经济利益的流出。

3. 主要内容

所有者权益主要由实收资本、资本公积、盈余公积和未分配利润组成。

实收资本是指投资者作为资本投入企业中的各种资产的价值。股份有限公司对股东投入资本用“股本”来核算。投资者投入企业的资本可以是现金、其他有形资产、无形资产，比如货币、实物、工业产权、非专利技术、土地使用权、知识产权或者股权等用货币估价并可以依法转让的非货币财产。其中非货币财产需要通过评估作价。

资本公积是指由投资者或其他人（单位）投入，所有权归属投资者，但不构成实收资本的那部分资本或者资产，即企业收到投资者出资额超出其在注册资本或股本中所占份额的部分。它的来源主要有所有者投入的超出法定资本份额的部分或者应直接计入所有者权益的利得和损失。资本公积是不能用于弥补公司亏损的，它是一种资本的储备形式。

盈余公积是指企业按照规定从净利润中提取的各种积累资金。盈余公积可以分为法定盈余公积和任意盈余公积两类。盈余公积可以用于弥补亏损和转增资本。根据《中华人民共和国公司法》的规定，企业分配当年税后利润时，需要提取利润的10%作为企业的法定盈余公积。当法定盈余公积金累计额超过公司注册资本的50%以后，可以不再提取法定盈余公积。法定盈余公积转增资本时，所留存的法定盈余公积不得少于转增前公司注册资本的25%。

未分配利润是企业留待以后年度进行分配的结存利润。企业的留存收益中，没有指定用途、可以留待以后年度分配或者转为再投资的部分，就是未分配利润。它和盈余公积一起合称为留存收益，构成企业内部的积累资金。

（四）收入

1. 定义和特征

我国《企业会计准则》中收入的定义是："企业在日常活动中形成的、会导致所有者权益增加的、与所有者投入资本无关的经济利益的总流入。"收入就是企业向客户出售商品，以及提供服务的过程中得到的资源。收入具有以下几个特征。

①收入是在企业日常活动中形成的。日常活动是指企业为实现其经营目标所从事的经常性活动以及与之相关的活动。例如工业企业制造并销售产品、商业企业销售商品、保险公司签发保单、咨询公司提供咨询服务、软件企业为客户开发软件、安装公司提供安装服务、商业银行对外贷款、租赁公司出租资产等，均属于企业的日常活动。这就将收入和利得区分开来了，并不是除了投资者投资之外，企业所有增加的经济利益都是收入。产生收入的经营活动具有经常性、重复性和可预见性。企业在边缘性或偶发业务中取得或者是没有预期获得的收益，就是利得，而不是收入，比如企业罚款收入、公允价值变动或非流动资产处置时的净收益等。

②收入是会导致所有者权益增加的、与所有者投入资本无关的经济利益的总流入。这说明收入的表现形式是经济资源的流入。经济利益的流入有时是所有者投入资本引起的，这就是所有者权益中的内容，而非收入范畴。收入的经济利益流入具体表现为资产的增加或负债的减少，最终体现为净资产的增加。比如销售10 000元商品确认收入时，就是增加了资产10 000元（银行存款、库存现金、应收账款等形式）或者抵消了负债10 000元

（预收账款等）。如果企业为客户代收款项，比如增值税、利息税和押金等，增加企业资产（库存现金等）的同时增加了企业的负债（应交税费等），并不会形成所有者权益的增加，经济利益也没有流入本企业，所以就不是企业的收入。

2. 确认条件

收入只有在符合定义、特征和以下两个确认条件以后，才能列入利润表。收入的确认条件是：

①经济利益很可能流入从而导致企业资产增加或者负债减少；

②经济利益的流入额能够可靠计量。

3. 确认标准

在确认收入时，还涉及确认标准，其影响了确认收入的时间。应该在什么时候确认收入？是在收到货款时，还是在签订合同、发出货物时确认收入？对这个问题的不同解释，会影响不同时间段里确认的收入金额，从而导致各个时间段的利润总额发生变动。

目前比较通行的确认标准有两种：权责发生制和收付实现制。这两种方法对收入和费用的确认依据不同的标准，从而影响了企业经营业绩的各期计量结果。两种方法各有利弊。我国目前采用权责发生制作为会计确认、计量和报告收入的基础，并以现金流量表做补充。权责发生制又被称为应收应付制、应计制，是指凡当期已经实现的收入和已经发生或应负担的费用，无论款项是否收付，都应作为当期收入和费用处理；凡不属于当期的收入和费用，即使款项已经在当期收付，也不应作为当期的收入和费用。这意味着，如果现在提供商品给客户，但是客户下个月才将货款补上，在权责发生制下，应该算是这个月的收入，而非收款当月即下个月的收入。

收付实现制又被称为现金收付制、现金制，是指凡当期实际收到或支付的款项，不论收入或费用是否在本期实现或发生，都视作本期的收入或费用；凡当期没有实际收到或支付的款项，即使收入或费用在本期实现或发生，都不作为本期的收入或费用。这意味着，如果现在提供商品给客户，客户下个月才付款，那么在收到款项的当月款项才能作为收入被确认入账。

4. 主要内容

对于不同企业而言，收入的构成可能不尽相同。比如：银行的主要收入来源可能是利息收入和手续费收入，保险公司的主要收入来源是保费收入。因此收入的内容有很多。收入一般包括主营业务收入和其他业务收入，主营业务收入一般是指营业执照注明的主营业务所取得的收入，如制造业企业主要包括销售商品、对外提供劳务等所取得的收入。其他业务收入一般是指营业执照注明的兼营业务所取得的收入，如制造业企业主要包括出售原材料、出租固定资产、出租包装物、出租无形资产等业务所取得的收入。

（五）费用

1. 定义和特征

费用的定义是与收入相对的，是指企业在日常活动中发生的、会导致所有者权益减少的、与向所有者分配利润无关的经济利益的总流出。费用具有以下几个特征。

①费用是在企业日常活动中发生的。其与损失的区别是：损失是企业由于除主要的经营活动以外的或偶然发生的交易所导致的经济利益的流出，是被动的、边缘性的、管理者难以控制的，如企业罚款支出或者非流动资产处置的净损失等。而费用是经常性的主动行为。

②费用是会导致所有者权益减少的、与向所有者分配利润无关的经济利益的总流出。费用的发生代表了经济资源的减少或牺牲，这种减少或牺牲表现为资产的减少、负债的增加或者兼而有之，最终导致所有者权益减少。比如：用现金或者现金等价物支付水电费，减少了资产，如果积欠没有支付，则增加了负债。

2. 确认条件

费用还需要具备以下条件才能在利润表中确认：

①经济利益很可能流出从而导致企业资产减少或者负债增加。

②经济利益的流出额能够可靠计量。

3. 确认标准

费用的确认受到三个标准的影响：权责发生制、配比性以及划分资本性和收益性支出。

①我国使用权责发生制作为确认、计量和报告费用的标准。所以，当期已经发生或者应当负担的耗费，不论有没有支付款项，都作为当期的费用处理；而不属于当期发生的耗费，即使当期支付了款项，也不作为当期的费用处理，比如这个月支付的上个月的电费，就不属于这个月的费用。

②我国根据流转过程收入理论强调费用与收入之间形成配比关系。也就是说，为取得当期收入而付出的代价，作为当期的费用确认。

根据权责发生制和配比性要求，费用确认的时点是根据相关支出的效用发挥时点来确定的，而非支出发生时点。因此，依据受益期确认费用。比如现在一次性支付明年一年的店面租金12 000元，受益的时间是明年。明年的每个月都获得了使用店面的效用。因此明年的每个月确认租金费用为1 000元，而不是在支付租金款项的现在确认12 000元费用。费用和当期实现的收入存在因果的“期间配比”关系。

③费用和资产之间的界限由划分收益性和资本性支出标准来界定。解释收益性支出和资本性支出之前，先要明确支出的概念。支出，是指企业在生产经营过程中为了达到特定的目的而做出的支付行为导致的资源流出，发生于获得资产、清偿债务、交纳税金、分配利润等经常性业务中。和“支出”相对的就是企业没有付出努力而发生利益纯扣减的“损失”。企业资源减少有两种方式：支出和损失。

支出都是由特定目的形成的，根据其目的不同，可以分为偿债性支出、权益性支出、资本性支出和收益性支出。偿债性支出和权益性支出是企业为了偿还债务、交纳税金、分配利润等而导致的资源流出，有时可以合称为偿付支出。这些支出是否划分为费用，要依具体情况而定，比如用银行账户里的存款支付的本期企业所得税，是本期费用；但是用银行存款偿还的应付账款、短期借款等债务，就不是本期费用了。资本性支出和收益性支出是为企业带来经济效益的支出。如果一项支出能给企业带来超过一个会计期间（一个正常营业周期）的效益，则称其为资本性支出，进行资本化处理，计入资产，在后续期间再从资产转入费用，影响转入时期的损益。如果一项支出给企业带来的效益只作用于当期，则称其为收益性支出，记作费用，算入当期损益。比如：企业购买的生产设备可以使用五年，超过一个会计期间，所以我们将它资本化处理，计入固定资产，在使用过程中逐渐将其转入费用；企业支付的行政部门水电费等办公经费，效益作用于经费发生的该月，所以我们将其作为当月费用确认，形成当月利润的扣减项。

《企业会计准则》还规定了一些情况下的费用确定，如：“企业发生的支出不产生经济利益的，或者即使能够产生经济利益但不符合或者不再符合资产确认条件的，应当在发生时确认为费用，计入当期损益。”可见不构成资产的支出作为费用确认。企业发生的交易或者事项导致其承担了一项负债而又不确认为一项资产的，应当在发生时确认为费用，计入当期损益。

4. 主要内容

费用是一定期间所发生的全部收益性支出，主要可以分为三个部分：第一部分是当期营业活动应承担的营业成本和税金，以“主营业务成本”“其他业务成本”和“税金及附加”来核算；第二部分虽然不直接产生收入，但也是为获取当期收入而发生的经济利益总流出，如工会经费、利息净支出、展览费、行政人员的办公经费等，称为期间费用，主要指本期发生的、不能直接或间接归入某种产品成本的、直接计入损益的各项费用；第三部分是资产减值损失等企业为计提坏账准备等发生的损失。

其中，期间费用又可以分成三个项目：

①管理费用。管理费用主要是指企业行政管理部门为组织和管理生产经营活动而发生的各种费用，包括工会经费、职工教育经费、业务招待费、公司经费、无形资产摊销、劳动保险费等。公司经费主要是指企业总部管理人员的工资、职工福利费、差旅费、办公费、折旧费、修理费等。

②销售费用。销售费用主要是指企业在销售产品、提供劳务等日常经营过程中发生的各项费用以及专设销售机构的各项经费，包括销售过程中的运输费、装卸费、保险费、包装费、广告费和展览费，以及销售机构职工工资、福利费等经常性费用。

③财务费用。财务费用主要是指企业筹集生产经营所需资金而发生的费用，包括利息净支出、汇兑净损失、金融机构手续费等。

5. 费用和成本的区别与联系

费用和成本是两个不同的概念，很容易混淆。费用是和特定会计期间实现的收入相配比的耗费，比如行政管理人员的工资和办公费，销售中发生的广告费、运输费、包装费等。成本是企业为生产产品、提供劳务而发生的各种资源耗费或转移，是针对特定对象（如生产的产品或提供的劳务）而归集和计算的经济资源的耗费，比如生产过程中发生的材料耗费和车间人员薪酬等。企业要获得一项资源，必然要以牺牲另一项资源为代价，可以说，成本是为了获得一项资产或某种服务而付出的代价。成本是企业资源转化的量度。企业发生成本，并没有发生经济利益的净流出。只是企业资源从一种形态转变成了另外一种形态，企业的总资源并未发生变化，因而不会减少所有者权益。这是成本与费用的根本区别。成本不能抵减收入，只能以资产的形式反映在资产负债表中，而费用则冲减当期的收入，反映在利润表中。但是成本通过转化为存货成本，最终可以转化为费用。

（六）利润

1. 定义和特征

“利润是企业在一定会计期间的经营成果。”这是《企业会计准则》中利润的定义。利润包括收入减去费用后的净额、直接计入当期利润的利得和损失等。这意味着利润是经济利益的净增加额。我国利润要素的定义类似于 FASB 倡导的“全面收益”要素，并不仅仅等于收入减去费用后的净额，还包括利得和损失的部分。收入和费用之间形成因果的配比关系，利得和损失之间没有这种配比关系。利润的定义体现了这种相关性，用收入扣减相关的费用，再计算彼此不相关的利得和损失。

值得注意的是，这里的利得和损失只是应当计入当期损益、会导致所有者权益发生增减变动的、与所有者投入资本或者向所有者分配利润无关的利得或者损失。

利润的计量可以用公式表示如下：

利润＝（收入－费用）＋直接计入当期利润的利得－直接计入当期利润的损失

2. 主要内容

按照利润和企业经营活动关系的不同，利润可以分为营业利润和营业外收支两个部分。

营业利润主要是企业通过日常经营活动主动获得的。这些利润的产生过程是企业自己筹划、安排和管理的，通常表现为生产产品、销售商品、提供劳务、进行投资等。因而营业利润由营业收入减去营业成本和税金、期间费用、资产减值损失，再加上公允价值变动收益和投资收益形成。

营业利润＝营业收入－营业成本－税金及附加－期间费用－资产减值损失＋公允价值变动收益＋投资收益
＝（主营业务收入＋其他业务收入）－（主营业务成本＋其他业务成本）－税金及附加－（销售费用＋管理费用＋财务费用）－资产减值损失＋公允价值变动收益＋投资收益

投资收益是指企业对外投资取得的收益减去发生的投资损失和计提的投资减值准备后的净额，是投资净收益的意思。营业外收支主要是企业无法控制的非日常经营活动引起的盈亏，如利得和损失，通常表现为企业遭受意外灾害引起的财产损失、资产的减值、非流动资产的处置或者非货币性交易收益等。

利润总额＝营业利润＋利得－损失＝营业利润＋营业外收入－营业外支出

净利润是指扣减了所得税之后的利润净额。其等于利润总额减去所得税费用。

净利润＝利润总额－所得税费用

三、会计要素的确认与计量

企业会计的最终“产品”是提供财务会计报告，财务会计报告的具体组成项目就是会计要素，而在编制财务会计报告之前必须先按照一定的要求对会计要素进行确认和计量。

（一）会计要素的确认

会计确认是指将某一项目作为资产、负债、收入、费用等会计要素而加以确认的过程。确认主要解决某一项目是否确认、如何确认以及何时确认三个问题。

我国《企业会计准则——基本准则》中规定了会计要素的确认条件，具体包括以下内容。

1. 满足会计要素的定义要求

某一项目能否作为一项会计要素加以确认，必须要满足该项会计要素的定义。例如，将一项资源确认为企业资产必须符合资产的定义，而将一项债务确认为企业负债则必须满足负债的定义。

2. 与该项目有关的经济利益很可能流入或流出企业

“很可能”要求经济利益流入或流出企业的可能性要达到50%以上。

例如，当与资产或者收入有关的经济利益很可能流入企业，同时也满足了资产或收入确认的其他条件时，就可以确认企业的资产或收入；当与负债或费用有关的经济利益很可能流出企业，同时也满足了会计确认的其他条件时，就可以分别确认为企业的负债或费用。

3. 与该项目有关的经济利益能够可靠计量

例如，企业购买的各项资产，其实际发生的购买成本能够可靠计量。

（二）会计计量属性

会计学界最有争议且最基本的问题，就是如何确定各项会计要素的金额，尤其是其中的资产和负债要素。这是因为会计本身就是一个计量过程，如何计量是会计的核心问题。会计计量属性就是指用财务形式对会计要素进行定量化计量。传统上，财务会计采用历史成本计量模式，但随着社会的进步和经济的发展，企业创新业务层出不穷，对传统的历史成本会计计量模式提出了挑战，呼唤多重计量属性进入财务会计系统。我国《企业会计准则》顺应了这个趋势，对符合确认条件的会计要素按照多少金额计量，规定了五种会计计量属性。

1. 历史成本

在历史成本（historical cost）计量属性下，资产按照购置时支付的现金或者现金等价物的金额，或者按照购置资产时所付出的对价的公允价值计量。负债按照因承担现时义务而实际收到的款项或者资产的金额，或者承担现时义务的合同金额，或者按照日常活动中为偿还负债预期需要支付的现金，或者现金等价物的金额计量。历史成本就是取得资产或者背负债务时支付，或收到的现金，或现金等价物的金额。历史成本计量属性因为可靠性较高，也比较容易获得实际数据，所以为人们广泛接受和习惯采纳，一直是会计计量中最重要、最基本的属性。但是，在价格变动比较明显的时候，非货币性项目容易被高估或低估，历史成本计量属性体现出局限性。

2. 重置成本

在重置成本（replacement cost）计量属性下，资产按照现在购买相同或者相似资产所需支付的现金或者现金等价物的金额计量。负债按照现在偿付该项债务所需支付的现金或者现金等价物的金额计量。重置成本又被称为现行成本（current cost）或现时投入成本（current input cost），区别于现行市价（current market value），是指现时重置一项特有资产或现时偿付债务所支付的金额。由于各种成本因素和供求关系等的变动，尤其是如果存在货币价值较大变动的情况，现时重置的成本往往和历史成本呈现出不同的金额，因此考虑采用重置成本计量有一定的意义。不过使用重置成本会带来频繁调账的问题，因此重置成本在一定时期才会被采用。

3. 可变现净值

在可变现净值（net realizable value）计量属性下，资产按照其正常对外销售所能收到现金或者现金等价物的金额扣减该资产至完工时估计将要发生的成本、估计的销售费用以及相关税费后的金额计量。可变现净值，是指对某项资产在正常过程中可带来的未来现金流入或将要支付的现金流出，在不考虑货币时间价值的情况下，进行计量的价值，因此又被称为预期脱手价值（expectexit value）。它适用于计划未来要进行销售的资产或未来需清偿既定数额的负债。

4. 现值

在现值（present value of future cash flow）计量属性下，资产按照预计从其持续使用和最终处置中所产生的未来净现金流入量的折现金额计量。负债按照预计期限内需要偿还的未来净现金流出量的折现金额计量。现值就是未来现金流量的金额。现值计量在考虑货币的时间价值的情况下，运用适当的贴现率对预期的未来经济利益或产生的未来现金流量进行计算。现值计量在管理会计领域得到了广泛使用，因为其考虑因素比较全面，现在在财务会计中也得到了重视，比如资产减值的处理。但是现值属性有获取困难的问题，因此现实中常有通过公允价值替代它的做法。

5. 公允价值

公允价值被定义为市场参与者在计量日发生的有序交易中，出现一项资产所能收到或者转移一项负债所需支付的价格。在企业取得资产或者承担负债的交易中，交易价格是取得该项资产所支付或者承担该项负债所收到的价格（进入价格），公允价值是出售该项资产所能收到或者转移该项负债所需支付的价格（脱手价格）。资产或负债的脱手价格体现了持有资产或承担负债的市场参与者在计量日对该资产或负债相关的未来现金流入和流出的预期。

公允价值定义中的市场参与者，是指在相关资产或负债主要市场（最有利市场）中，相互独立的、熟悉资产或负债情况的、能够且愿意进行资产或负债交易的买方和卖方。有序交易，是指在计量日前一段时期内相关资产或负债具有惯常市场活动的交易。清算等被迫交易不属于有序交易。企业以公允价值计量相关资产或负债，应当假定计量日出售资产或转移负债的有序交易发生在主要市场（或者在不存在主要市场情况下的最有利市场）中，并在当前情况下适用且有足够可利用数据和其他信息支持的估值技术。在公允价值层次的选择上，企业应当优先使用相同资产或负债在活跃市场的公开报价，然后使用直接输入值或可观察的间接输入值，最后再使用不可观察的输入值。

在我国的会计准则规定中，公允价值的运用目前主要集中于投资性房地产、长期股权投资、资产减值处理、债务重组、非货币性交易和金融工具等方面。公允价值如何合理确定，以及如何确保可靠性，是会计学界的焦点问题所在。

以上解释了五种会计计量属性，历史成本仍然是其中的计价基础。要素的计量一般采用历史成本，如果选用重置成本、可变现净值、现值或公允价值计量，则需要保证两个条件的实现：一是确认的金额可以取得；二是金额能够可靠计量。

第二节　会计等式

所谓会计等式，也称会计恒等式，是运用数学平衡式描述会计对象的具体内容之间数量关系的表达式。

一、反映资产、负债、所有者权益三者关系的基本会计等式

$$资产=负债+所有者权益 \quad (2-1)$$

这是最基本的会计等式，通常称为第一会计等式或会计恒等式。它反映了企业在任一

时点所拥有的资产以及债权人和所有者对企业资产要求权的基本状况，表明了资产与负债、所有者权益之间的基本关系。

企业为了从事生产经营活动，获取利润，必须拥有一定量的资产。企业所拥有的资产，均有其来源。为企业提供资金来源者，对企业的资产就具有求索权，比如，企业投资者有参与企业管理和分享企业利润的权利。在会计上称这种求索权为权益。权益是资产的提供者对企业资产具有的要求权。企业对其资产的提供者承担着满足其要求权的经济责任。

资产与权益反映了同一经济资源的两个不同方面：一方面是归会计主体所拥有或支配的各项资产，另一方面是经济资源提供者对资产的一系列要求的权益—资产表示企业拥有哪些经济资源，以及拥有多少。权益则表示资产的来源，即资产由谁提供、归谁所有。资产与权益是同一事物的两个方面，两者之间存在着相互依存、相互制约的关系。没有资产就没有权益，同样，没有权益也就没有资产，两者不能彼此脱离而各自独立存在。从数量方面来观察，一个企业有多少资产，就必定有多少权益；反之，有多少权益，也就必然有多少资产。从任何一个时点来观察，一个企业的资产总额必然等于权益总额。两者之间的这种数量关系可表述如下：

$$资产=权益 \tag{2-2}$$

在现代企业中，筹集资金的方式除了投资者对企业的投资外，还有一种重要的筹资渠道就是举债。企业可以向银行等金融机构借款，也可以通过发行公司债券向社会公众借款。这些款项都有约定的支付期限，但在尚未到期偿还以前，企业可以周转使用，形成了购置企业资产的一项来源。凡是向企业提供借款的称为企业的债权人，企业为债务人。

企业所有者和债权人把资产投入企业，供企业在生产经营过程中使用，因而对企业的资产就享有一定的权利，包括在一定时间收回本金及获取投资报酬的权利等。这种权利在会计上统称为权益，其中属于债权人的权利称为债权人权益，属于所有者的权利称为所有者权益。

债权人将资产提供给企业后，一般要求企业到期偿还本金，并按规定的形式支付利息。所以，会计上将债权人权益称为负债。所有者将资产提供给企业，供企业长期使用，并不规定偿付期限，也不规定应定期支付的投资报酬。投资的目的是希望分享企业的利润，获取较高的报酬。所有者权益在金额上等于所有者投入企业的资本和企业累积的利润，也就是企业的全部资产扣除全部负债后的余额，在会计上称为净资产，即所有者权益。

上述等式称为静态等式，也称资产负债表会计等式，它反映了会计主体在某一时点资产与权益（负债和所有者权益）之间的恒等关系，是设置账户、复式记账、试算平衡设计与编制资产负债表的理论依据。

二、反映收入、费用和利润三者关系的基本会计等式

$$收入-费用=利润 \tag{2-3}$$

这个会计等式是对会计基本等式的补充和发展，称为第二会计等式。它表明了企业在一定会计期间经营成果与相应的收入和费用之间的关系，说明了企业利润的实现过程。企业的资产投入营运，取得营运收入，也发生耗费，合理地比较一定期间的营业收入与费用，便可确定企业在该期间所实现的经营成果。营业收入大于费用的差额称为利润；反之，营业收入小于费用时，其差额为亏损。

上述等式称为动态会计等式，也称利润表会计等式，它是企业计算确定经营成果，设计和编制利润表的理论依据。

三、会计要素之间的关系

静态会计等式反映的是企业特定时点的静态财务状况。比如公司刚成立，拥有 80 万元资产、30 万元负债和 50 万元所有者权益，80 万元=30 万元+50 万元，达到平衡。两天之后企业销售物品，赚取收入 6 万元，承担费用 4 万元，6 万元-4 万元=2 万元，所以实现利润 2 万元。如果这时 6 万元的收入和 4 万元的费用都已经收到和付出，那么资产就增加了 2 万元。如果静态会计等式右边保持不变，就会出现 82 万元=30 万元+50 万元的情况。这又是为什么呢？

原因是静态会计等式是在会计期间开始或者结账后才能达到的平衡，在会计期间开始到结账前的这段时间的任何时点上，企业产生的利润因为没有通过结账体现在静态会计要素中，因此对企业这些盈利所得（亏损所减少）的经济资源的要求权没有被计算进静态会计等式的右边，等式左边的资产却已经反映了增加（减少）的经济资源，等式自然无法达到平衡。

我们可以看出，在一个会计期间开始的时点上，企业拥有的资源等于这些资产的来源，即资产=权益=负债+所有者权益。随着企业获得收入，企业的资产来源多了一个渠道，即出售产品或服务等获得的收入，与此同时企业的资源也出现了消耗，即费用。

会计期末，对收入与费用进行比较，计算出净利润。企业再将净利润中的一部分分配

给企业所有者，作为他们投资的回报。分配完毕，净利润中剩下的部分，即未分配利润，作为所有者享有要求权的留存收益，归入所有者权益要素。这样一个周期结束，有关这段时间动态经营成果的收入、费用以及净利润全部都结转完毕，三个要素清空回到零数，下一期重新开始计算新时段的经营成果。

资产负债表和利润表是建立在静态会计等式和动态会计等式基础上的，一个会计期间开始时和结账后它们都处于平衡的状态。在起始之前的任一时点，左边的资产总是等于右边，保持总的平衡。期末结账时，右边利润表先结出净利润，分配利润后将未分配部分转入静态会计要素所有者权益，静态会计等式达到平衡，左边资产负债表实现了自身的平衡。

第三节　会计科目与账户

一、会计科目的概念

会计科目是对会计要素的具体内容进行分类核算的项目，是进行会计核算和提供会计信息的基础企业的经营活动表现为资金运动，会计对象是对资金运动的第一层次划分，而会计要素是对资金运动的第二层次划分。通过六大会计要素可以了解一个企业在某一特定时点的资产、负债和所有者权益情况，了解一个企业在某一特定期间的收入、费用及利润情况。但是企业的经济业务错综复杂，同一会计要素也会有不同的内容和性质。例如，不同类别的资产，其变现能力和获利能力是不同的；不同类别的负债，其形成原因和偿还期限也是不同的；对于所有者权益，又有不同的来源和用途。因此有必要在会计要素的基础上，对经济活动进行第三层次划分，这就是会计科目。

二、会计科目的分类

会计科目可按其反映的经济内容（所属会计要素）、所提供信息的详细程度及其统驭关系分类。

（一）按反映的经济内容分类

会计科目按其反映的经济内容不同，可分为资产类科目、负债类科目、共同类科目、所有者权益类科目、成本类科目和损益类科目。会计对象、会计要素的分类与会计科目的分类之间的对应关系如表 2-1 所示。

表 2-1　会计对象、会计要素与会计科目的对应关系

<table>
<tr><th>会计对象</th><th>会计要素</th><th colspan="2">会计科目</th></tr>
<tr><td rowspan="7">指会计核算和监督的内容，即以货币表现的经济活动</td><td>资产</td><td>资产类</td><td>库存现金、银行存款等</td></tr>
<tr><td>负债</td><td>负债类</td><td>短期借款、应付账款等</td></tr>
<tr><td>所有者权益</td><td rowspan="2">所有者权益类</td><td rowspan="2">实收资本、资本公积等</td></tr>
<tr><td>利润</td></tr>
<tr><td>收入</td><td>收入（益）</td><td>主营业务收入、其他业务收入、营业外收入等</td></tr>
<tr><td>费用</td><td>费用（损）</td><td>主营业务成本、其他业务成本、管理费用等</td></tr>
<tr><td></td><td>成本类</td><td>生产成本、制造费用等</td></tr>
</table>

（二）按提供信息的详细程度及其统驭关系分类

会计科目按其提供信息的详细程度及其统驭关系，可以分为总分类科目和明细分类科目。

第一，总分类科目，又称总账科目或一级科目，是对会计要素的具体内容进行总括分类，提供总括信息的会计科目。如“原材料”“应收账款”“应付账款”“实收资本”等科目。

第二，明细分类科目，又称明细科目，是对总分类科目做进一步分类，提供更为详细和具体的会计信息的科目。如“原材料”科目可按原材料的品种、规格等设置明细科目，分别反映各品种、规格的原材料“应收账款”，科目可按债务人设置明细科目，分别反映应收账款的具体对象及其分布情况。对于明细科目较多的总分类科目，可在总分类科目与明细科目之间设置二级或多级科目。例如，在企业基本生产和辅助生产的产品或劳务种类较多的情况下，“生产成本”总分类科目下可设置“基本生产成本”和“辅助生产成本”两个二级科目。

（三）总分类科目和明细分类科目的关系

总分类科目对所属的明细分类科目起着统驭和控制作用，而明细分类科目是对其所归属的总分类科目的补充和说明，且总分类账户与其所属明细分类账户在总金额上应当相等。

三、会计科目的设置

（一）会计科目设置的原则

会计科目作为反映会计要素的构成情况及其变化情况，是为投资者、债权人、企业管理者等提供会计信息的重要手段，在其设置过程中应努力做到科学、合理、实用，因此在设计会计科目时应遵循下列基本原则。

1. 合法性原则

合法性又称统一性，是指所设置的会计科目应当符合国家统一的会计制度的规定，按照《企业会计准则》对一些主要会计科目的设置及其核算内容实行统一的规定，保证不同企业对外提供的会计信息的可比性。总分类科目一般由财政部统一制定；明细分类科目除会计制度规定设置的以外，可以根据本单位经济管理的需要和经济业务的具体内容自行设置。

2. 相关性原则

相关性是指所设置的会计科目应当提供给有关各方所需要的会计信息服务，满足对外报告与对内管理的要求。总分类科目提供的是总括性指标，这些指标基本上能满足企业外部有关方面的需要；明细分类科目是对总分类科目的进一步分类，其提供的明细核算资料主要为企业内部管理服务。

3. 实用性原则

实用性又称灵活性，是指在保证提供统一核算指标的前提下，各会计主体可以根据本单位的具体情况和经济管理要求，对统一规定的会计科目做必要的增设、分拆和合并。

（二）常用会计科目

会计初级考试需要掌握的科目如下。

1. 资产类

①钱：库存现金、银行存款、其他货币资金。如表 2-2 所示。

表 2-2 钱

科目	核算内容
库存现金	指企业为了满足经营过程中零星支付需要而保留的现金
银行存款	指企业存入银行或其他金融机构的各种款项
其他货币资金	指企业的银行汇票存款、银行本票存款、信用卡存款、信用证保证金存款、存出投资款、外埠存款等其他货币资金

②应收：应收票据、应收账款、其他应收款、应收利息、应收股利、坏账准备、预付账款。如表 2-3 所示。

表 2-3 应收

科目	核算内容
应收票据	指企业因销售商品、提供劳务等而收到的商业汇票，包括银行承兑汇票和商业承兑汇票
应收账款	指企业因销售商品、提供劳务等经营活动发生的应收未收到的销货款
其他应收款	指企业除存出保证金、买入返售金融资产、应收票据、应收账款、预付账款等以外的其他各种应收未收款项，如职工借支差旅费
应收利息	指债券投资实际支付的价款中包含的已到付息期但尚未领取的债券利息
应收股利	因股权投资而应收取的现金股利以及应收其他单位的利润，包括企业股票实际支付的款项中所包括的已宣告发放但尚未领取的现金股利和企业对外投资应分得的现金股利或利润等
坏账准备	指企业按会计谨慎性原则，预先计提的应收款项的风险准备金、核算收不回的坏账损失，作为应收账款科目的备抵，基本属性与应收账款相反
预付账款	指企业按照合同规定预先支付给供货单位的购货款或定金。预付款项情况不多的，也可以不设置本科目，将预付的款项直接记入“应付账款”科目

③物：在途物资、材料采购、原材料、库存商品、工程物资、在建工程、固定资产、累计折旧。如表 2-4 所示。

表 2-4 物

科目	核算内容
在途物资	指企业采用实际成本法下，核算已经购入，但尚未验收入库的材料成本
材料采购	指企业采用计划成本法下，核算已经购入，但尚未验收入库的材料成本

续表

科目	核算内容
原材料	指企业为产品生产储备的并构成产品实体的生产材料，包括主要材料、辅助材料、燃料等
库存商品	指企业库存的待销售商品的成本
工程物资	为工程建设而购入的各种材料物资
在建工程	指企业基建、更新改造等在建工程发生的支出
固定资产	指为生产产品、提供劳务、出租或经营管理持有的、使用期限在 1 年以上，单价在规定限额以上的劳动资料和其他资产的原价（房屋、机器设备等）
累计折旧	指企业固定资产在使用过程中所损耗和转移的价值，作为固定资产科目的备抵，基本属性与固定资产相反

④其他：待处理财产损益、无形资产、累计摊销。如表 2-5 所示。

表 2-5　其他

科目	核算内容
待处理财产损益	指企业在清查财产过程中查明的各种财产盘盈、盘亏和毁损的价值。物资在运输途中发生的非正常短缺与损耗，也通过本科目核算
无形资产	指企业持有的无物质形态但能给企业带来经济利益的专利技术、非专利技术、商标权、著作权、土地使用权等
累计摊销	指企业对使用寿命有限的无形资产计提的累计摊销，作为无形资产科目的备抵，基本属性与无形资产相反

2. 负债类

①借款：短期借款、长期借款。

②应付：应付票据、应付账款、其他应付款、预收账款、应付利息、应付职工薪酬、应付股利、应交税费、应付债券等。如表 2-6 所示。

表 2-6　负债类

科目	核算内容
短期借款	指企业向银行或其他金融机构等借入的期限在 1 年以下（含 1 年）的各项借款
长期借款	指企业向银行或其他金融机构等借入的期限在 1 年以上（不含 1 年）的各项借款

续表

科目	核算内容
应付票据	指企业购买材料、商品和接受劳务供应等开出、承兑的商业汇票，包括银行承兑汇票和商业承兑汇票
应付账款	指企业因购买材料、商品和接受劳务等经营活动应付未付的款项
其他应付款	指企业除应付票据、应付账款、预收账款、应付职工薪酬等以外的其他各项应付未付、预收的款项，如暂收的押金
预收账款	指企业按照合同规定预先收取购货单位的购货款或定金
应付利息	指企业所取得的各项借款应按照合同约定支付的利息
应付职工薪酬	指企业根据有关规定应付给职工的各种薪酬；本科目可按“工资”“职工福利”“社会保险费”“住房公积金”“工会经费”“职工教育经费”“非货币性福利”“辞退福利”“股份支付”等进行明细核算
应付股利	指企业应付给投资人的分红（现金股利）
应交税费	指企业按照税法等规定计算应交未交的各种税费，主要包括增值税、消费税、城市建设维护税、教育费附加税、所得税等

3. 共同类

共同类科目是既有资产性质又有负债性质的科目，主要有“清算资金往来”“外汇买卖”“衍生工具”“套期工具”“被套期项目”等科目。

4. 所有者权益类

所有者权益类有实收资本（股本）、资本公积、盈余公积、本年利润、利润分配等。

5. 成本类

成本类有生产成本和制造费用。

6. 损益类

①收入类（益）：主营业务收入、其他业务收入、营业外收入、投资收益。

②费用类（损）：主营业务成本、其他业务成本、营业外支出、销售费用、管理费用、财务费用、营业税金及附加、所得税费用、资产减值损失。

四、会计账户的含义

会计账户简称账户，是根据会计科目开设的，具有一定格式和结构，用来分类反映会计要素增减变动及其结果的一种工具。会计科目仅仅是对会计要素的具体内容进行分类核算形成的项目，它不能反映交易或事项的发生所引起的会计要素各项目增减变动情况和结果。各项核算指标的具体数据资料，只有通过账户记录才能取得。因此，在设置会计科目后，还必须依据会计科目开设相应的账户，设置账户是会计核算的专门方法之一。

五、账户的功能

账户的功能在于连续、系统、完整地提供企业经济活动中各会计要素增减变动及其结果的具体信息。其中，会计要素在特定会计期间增加和减少的金额分别称为账户的“本期增加发生额”和“本期减少发生额”，两者统称为账户的“本期发生额”；会计要素在会计期末的增减变动结果，称为账户的“余额”，具体表现为期初余额和期末余额，账户上期的期末余额转入本期，即为本期的期初余额；账户本期的期末余额转入下期，即为下期的期初余额。账户的期初余额、期末余额、本期增加发生额和本期减少发生额统称为账户的四个金额要素。对于同一账户而言，它们之间的基本关系为：

期末余额=期初余额+本期增加发生额-本期减少发生额

账户的本期发生额说明特定资金项目在某一会计期间增加或减少的变动状况，提供该资金项目变化的动态信息。因此，账户的本期发生额属于“动态”经济指标范畴；账户的余额说明特定资金项目在某一时日或某一时刻（如期初、期末）的存在状况，即“相对静止”条件下的表现形式。

第三章 会计记账方法

第一节 会计记账方法的种类

为了获得企业的财务状况和经营成果等会计信息，以满足经营管理及其他方面的需要，企业应设置会计科目，并根据设置的会计科目开设相应的会计账户。有了会计账户，就要对企业所发生的交易或者事项采取一定的记账方法在账户中加以记录，以反映企业的财务状况和经营成果等会计信息。所谓记账方法，实际是指根据一定的原理，对发生的交易或者事项，运用一定的记账符号和记账规则在账户中予以登记的方法，如借贷记账法就是目前普遍采用的记账方法。记账方法按其形式的不同，可分为单式记账法和复式记账法两种方法。

一、单式记账法

（一）单式记账的概念

单式记账法是指对每一项交易或者事项，只在一个账户中加以登记的记账方法。单式记账法只是着重记载现金、银行存款的收支、债权、债务的事项。如：用支票购买材料，只在银行存款账户中登记因购买材料而支付的金额，至于材料的增加则不予以单独记录。这种方法相当于我们日常生活中的流水账：买东西只在一个本子上加以记录，这个本子实际上是一本现金账，对于所买物品，只在此本子上记录所支付的金额，而不在其他本子上加以记录。

（二）单式记账的特点

单式记账法手续简便，但账户的设置不完整，而且无法反映发生交易或者事项涉及的会计账户之间的关系，无法反映交易或者事项的来龙去脉，缺乏平衡关系，因而不能全面、系统地反映交易或者事项，也不便于检查账户记录的正确性和完整性。目前在单位中不采用单式记账法，而采用复式记账法。

二、复式记账法

（一）复式记账的概念

复式记账法是指对于每一项交易或者事项，都必须用相等的金额在两个或两个以上相互联系的账户中进行登记，全面系统地反映会计要素增减变化的一种记账方法。如，用支票5 000元付款购买材料，则既要在银行存款账户中登记减少5 000元，同时还要在材料账户中登记增加5 000元。

（二）复式记账的原理

复式记账就是对任何一笔交易或者事项，都必须用相等的金额在两个或两个以上有关的账户中相互联系地进行登记的专门方法。之所以如此，是因为任何一笔交易或者事项的发生，对会计等式会有以下影响：都会引起资产和权益发生增减变化，但其变化结果是资产总额永远等于权益总额，即资产=负债+所有者权益。交易或者事项对会计等式的影响可用表3-1表示。

表3-1　交易或者事项对会计等式的影响

项目	资产	负债	所有者权益
1	+		+
2	+	+	
3	−	−	
4	−		
5	+−		
6		+−	
7			+−
8		−	+
9		+	−
合计	资产=负债+所有者权益		

虽然交易或者事项的发生影响资产和权益，但无论它们怎样变化，都不会破坏会计的

基本等式，不会破坏资产和权益之间的平衡关系，该式反映了资产、负债和所有者权益之间的基本数量关系，是复式记账的理论依据。

（三）复式记账的优点

复式记账法的优点有以下几个方面。

第一，复式记账法作为一种科学的记账方法，不仅要对每一笔业务进行全面、系统的反映，而且对会计主体所发生的全部交易或者事项进行记录，因此，需要设置完整的账户体系，用来反映各种各样的交易或者事项。例如，既要设置反映资产和负债类的账户，又要设置所有者权益类、成本类和损益类的账户。

第二，复式记账法必须对每一笔交易或者事项进行核算和监督。这既有必要，又有可能。其必要性在于复式记账要求全面反映企业的经济活动；其可能性在于复式记账具有完整的账户体系，也就是具有全面反映记录交易或者事项的条件。

第三，复式记账法对每笔交易或者事项，都要反映其来龙去脉两个方面，而且也只有通过复式记账才能了解每一笔交易或者事项的内容，便于检查每笔交易或者事项是否合理、合法。

第四，复式记账可对一定时期内所发生的全部交易或者事项的会计分录进行综合核算。因为运用复式记账法，所有交易或者事项都要在两个或两个以上的账户中相互联系，以相等金额进行登记，这就保持了账户之间的平衡关系，可以用账簿记录进行综合计算和试算平衡。

现代会计运用复式记账法。

（四）复式记账法的种类

复式记账法可分为借贷记账法、增减记账法和收付记账法等。借贷记账法是目前国际上通用的记账方法。《企业会计准则——基本准则》规定，企业会计以权责发生制为基础进行确认、计量和报告。事业单位会计核算一般采用收付实现制，事业单位部分经济业务或者事项，以及部分行业事业单位的会计核算采用权责发生制核算的，由财政部在相关会计制度中具体规定。《政府会计准则——基本准则》规定，政府会计由预算会计和财务会计构成，预算会计实行收付实现制（国务院另有规定的，依照其规定），财务会计实行权责发生制。

（五）复式记账法的意义

运用复式记账方法，能够把所有交易或者事项相互联系，并全面地记入有关账户中，从而使账户能够完整地、系统地反映各项经济活动和财务收支的发生过程和结果，还可以通过账户的对应关系了解交易或者事项的内容及其来龙去脉，检查交易或者事项是否合理合法。运用复式记账方法，由于对发生的每一笔交易或者事项都要以相等的金额进行分类登记，所以全部账户的借方发生额合计数和全部账户的贷方发生额合计数必然相等。根据这种必然相等的关系，把所有账户的借贷双方发生额合计数加以核对，检查账户记录是否正确。若双方合计数不相等，说明账户中的记录有错误，就应及时查明原因，予以更正，以保证账户记录正确。因此，采用复式记账方法，便于核算和监督会计对象。

第二节　借贷记账法

上节我们已介绍了复式记账法的原理，这种原理明确了每一笔交易或者事项的发生都应当在两个或两个以上的账户中进行登记的基本原则，但并未具体阐述在交易或者事项发生时使用何种记账符号和何种记账规则进行记账工作。

众所周知，记账工作就是把交易或者事项引起的有关账户的增加数和减少数记录在账户中，但在目前的账户结构中并没有“增加”和“减少”这样的项目，取而代之的是“借方”和“贷方”。如何把增加数和减少数记录在“借方”和“贷方”的项目中，就成了我们要进一步学习的问题。

一、借贷记账法的概念

借贷记账法产生于 12 世纪的意大利，当时由于海上贸易的不断发展，所使用的货币种类、重量和成色等日益复杂，通过银行进行转账结算便受到人们的普遍欢迎。银行为了办理转账结算业务，设计了“借”“贷”两个记账方向：银行贷放出去的款项（即放款），记录在借主名下，表示银行将要收回的债权，即将债权记入“借方”；而将收进的存款记录在贷主名下，表示银行需要偿还的债务，即将债务记入“贷方”，也就是说，此时的“借、贷”是记录银行的债权与债务增减变动的符号。随着商品货币经济的进一步发展，经济活动的内容日趋复杂，记录的经济事项不再仅限于货币的借贷业务，而是逐步扩展到财产物资及其经营损益等内容的增减变动。到了15世纪初期，人们除增设了“资本”“损益”账户外，又增设了“余额”账户，进行全部账户的试算平衡。同时，为了使记账符号一致，对于非货币性借贷的业务，也用“借”“贷”二字来记录与说明，从而使“借”“贷”二字逐渐失去了原来的字面含义，进而转化为单纯的记账符号，成为会计上的专门术语。随后借贷记账法传遍欧洲、美洲等地，成为世界通用的记账方法，20世纪由日本传入我国，目前成为我国法定的记账方法。

借贷记账法是以“借”“贷”为记账符号的一种复式记账法。即以“借”“贷”为记账符号，以资产（费用）增加记借方，减少记贷方，负债、所有者权益（收入）增加记贷方，减少记借方为记账原则，同时，具有“有借必有贷、借贷必相等”的记账规律的复式记账方法。

借贷记账法的理论基础是会计等式，即：

资产=负债+所有者权益

虽然各项交易或者事项会引起各会计要素内部的增减变动，但均不会改变上述平衡关系。借贷记账法正是根据上述原理，对引起会计要素变化的各项交易或者事项，在相互联系的会计科目，即各会计要素的具体项目之间进行等额登记，从而保证会计上所记录的交易或者事项的完整性，维护借贷之间或各账户借贷方余额之间的平衡关系。因此，会计等式是借贷记账法的记账基础和主要依据。

二、借贷记账法的内容

（一）记账符号

有了会计账户以后，我们就可以对会计要素的增减变动情况以及变动结果进行反映。在借贷记账法下，以“借”“贷”来表示增加或减少，但并不意味着借就表示增加，贷就表示减少，而要视账户的性质和类别而定。要特别注意：“借”“贷”两字在会计记账方法中仅仅代表记账符号，而不具有任何内在的含义。换句话说，不能认为“借”就是借入、借来，“贷”就是贷出、借出。

（二）账户结构

在借贷记账法下，账户的左方称为借方，右方称为贷方。所有账户的借方和贷方按相反方向记录增加数和减少数，即一方登记增加额，另一方就登记减少额，至于“借”表示增加，还是“贷”表示增加，则取决于账户的性质与所记录经济内容的性质。

前面曾述及，资产与权益体现为对立统一的关系，其账户也表现为截然相反的结构，如表 3-2、表 3-3 所示。

表 3-2　资产类账户

<table>
<tr><td>借方</td><td colspan="2">资产类账户</td><td>贷方</td></tr>
<tr><td colspan="2">期初余额
本期增加发生额</td><td colspan="2">本期减少发生额</td></tr>
<tr><td colspan="2">本期发生额合计</td><td colspan="2">本期减少额合计</td></tr>
<tr><td>期末余额</td><td></td><td></td><td></td></tr>
</table>

表 3-3　负债及权益类账户

<table>
<tr><td>借方</td><td colspan="2">负债及权益类账户</td><td>贷方</td></tr>
<tr><td colspan="2">本期减少发生额</td><td colspan="2">期初余额
本期增加发生额</td></tr>
<tr><td colspan="2">本期减少额合计</td><td colspan="2">本期发生额合计</td></tr>
<tr><td colspan="2"></td><td colspan="2">期末余额</td></tr>
</table>

表 3-2、表 3-3 说明资产类账户与负债及权益类账户的结构截然相反，资产、成本和费用类账户的借方表示增加、贷方表示减少，期初余额均在借方；负债及权益类账户的贷方表示增加、借方表示减少，期初余额均在贷方。

在借贷记账法下，用借、贷表示增加或减少，对账户结构的影响具体表现为：

第一，资产类账户增加记借方，减少记贷方，余额一般在借方。余额计算公式如下：

期末借方余额=期初借方余额+本期借方发生额-本期贷方发生额

例如：从银行贷款，该业务带来了银行存款的增加和借款的增加，银行存款是资产，而借款是负债，所以银行存款记借方，借款记贷方。

第二，负债、所有者权益类账户增加记贷方，减少记借方，余额一般在贷方。余额计算公式如下：

期末贷方余额=期初贷方余额-本期贷方发生额-本期借方发生额

第三，成本费用类账户增加（发生）记借方，减少（期末结转到本年利润账户）记贷方，期末结转后无余额。

例如：职工报销差旅费，该业务导致现金的减少和管理费用的增加，现金是资产而管理费是费用，所以现金记贷方，管理费用记借方。

第四，收入、收益类账户增加（即取得）记贷方，减少（即期末结转到本年利润账户）记借方，期末结转后无余额。

例如：销售商品收到款项，该项业务由于销售而带来收入的增加，由于收入的增加带来银行存款的增加，由此，收入增加记贷方，银行存款增加记借方。

在实际工作中，计算账户的余额可以用一种非常简便的方法进行：方向相同相加，方向相反相减，结果为余额，即在一个方向的数额相加，不在一个方向的数额相减，其结果放在多的一方。

应该特别说明一下，备抵账户的结构与所调整账户的结构正好相反。

例如："固定资产"是资产类账户，其备抵账户"累计折旧"结构则与负债及权益类账户相同。

（三）记账规则

借贷记账法的记账规则为：有借必有贷，借贷必相等。即对每一笔交易或者事项都要在两个或两个以上相互联系的账户中以借方和贷方相等的金额进行登记。

这一规则包含着以下两个方面的内容：第一，对每项交易或者事项都应在借贷两方同时登记；第二，对每项交易或者事项都需根据复式记账的原理，以相等的金额在借贷两方进行登记。

因此，借贷记账法要求对于每项交易或者事项，如果在一个账户中记借方，必须在另一个或几个账户中记贷方；如果在一个账户中记贷方，必须在另一个或几个账户中记借方；无论何种情况，记入借方的总额和记入贷方的总额必须相等。

事实上，任何交易或者事项的发生都会影响至少两个账户的增减变动。根据"资产=权益"的会计恒等式，我们发现，无论哪种类型的交易或者事项，无论怎样复杂，均可将其大体上分成以下四种类型：

第一，资产与权益同时增加，总额增加。例如：企业收到投资人 10 000 元投资，存入银行。此项业务中，一方面资产类中的"银行存款"账户增加 10 000 元，记入该账户借方；另一方面使权益类中的"实收资本"账户增加 10 000 元，记入该账户贷方；借贷金额相等。

第二，资产与权益同时减少，总额减少。如：企业用银行存款 5 000 元偿还短期借款。此项业务中，一方面资产类中的"银行存款"账户减少 5 000 元，记入该账户贷方；另一方面使权益类中的"短期借款"账户减少 5 000 元，记入该账户借方；借贷金额相等。

第三，资产内部有增有减，总额不变。例如：企业以银行存款3 000元购买材料。此项业务中，一方面资产类中的“原材料”账户增加3 000元，记入该账户借方；另一方面资产类中的“银行存款”账户减少3 000元，记入该账户贷方；借贷金额相等。

第四，权益内部有增有减，总额不变。例如，企业从银行借入短期借款6 000元，直接偿还应付账款。此项业务中，一方面权益类中的“短期借款”账户增加6 000元，记入该账户贷方；另一方面使权益类中的“应付账款”账户减少6 000元，记入该账户借方；借贷金额相等。

根据上述记账原理，第一种类型，资产记借方，权益记贷方；第二种类型，资产记贷方，权益记借方；第三种类型，资产内部记借方，同时必然有账户记贷方；第四种类型，权益记贷方，同时记借方。由此我们得出如下结论：在借贷记账法中存在着“有借必有贷，借贷必相等”的记账规律。

（四）试算平衡

为了检验一定时期内所发生的交易或者事项在会计账户中记录的正确性，通常在会计期末应进行会计账户的试算平衡。所谓试算平衡，是根据资产与权益的恒等关系，通过对所有账户的发生额和余额进行汇总计算和比较，检查所有账户记录是否正确的过程。在实际会计核算中，是通过试算平衡表的方法来完成试算平衡的。

1. 试算平衡原理

在借贷记账法中，根据“有借必有贷，借贷必相等”的记账规律，每笔交易或者事项的借方必然等于贷方，所以本期所有交易或者事项的借方合计与贷方合计也必然相等。同时，由于每个账户的余额都是根据一定期间该账户累计的发生额计算求得，因此，所有账户的借方期末余额合计数与所有账户的贷方期末余额合计数必然相等。

用公式表示试算平衡的关系。

（1）期初余额平衡

期初借方余额合计=期初贷方余额合计

（2）本期发生额平衡

本期借方发生额合计=本期贷方发生额合计

（3）期末余额平衡

期末借方余额合计=期末贷方余额合计

2. 试算平衡的分类

(1) 发生额试算平衡法

它是根据本期所有账户借方发生额合计与贷方发生额合计的恒等关系，检验本期发生额记录是否正确的方法。公式为：

全部账户本期借方发生额合计=全部账户本期贷方发生额合计

在借贷记账法中，根据“有借必有贷，借贷必相等”的记账规律，每笔交易或者事项的借方必然等于贷方，所以本期所有交易或者事项的借方合计与贷方合计也必然相等。

(2) 余额试算平衡法

它是根据本期所有账户借方余额合计与贷方余额合计的恒等关系，检验本期账户记录是否正确的方法。根据余额时间的不同，又分为期初余额平衡法和期末余额平衡两类，期初余额平衡是期初所有账户借方余额合计与贷方余额合计相等；期末余额平衡是期末所有账户借方余额合计与贷方余额合计相等，这是由“资产=负债+所有者权益”的恒等各项决定的。

3. 试算平衡表的编制

试算平衡是通过编制试算平衡表进行的。试算平衡表通常是在期末结出各账户的本期发生额合计和期末余额后编制的。试算平衡表中一般应设置“期初余额”“本期发生额”和“期末余额”三大栏目，其下分设“借方”和“贷方”两个小栏。各大栏中的借方合计与贷方合计应该平衡相等，否则，便存在记账错误。为了简化表格，试算平衡表也可只根据各个账户的本期发生额编制，不填列各账户的期初余额和期末余额。

4. 编制试算平衡表应注意的事项

第一，必须保证所有账户的发生额及余额均已记入试算平衡表，包括只有期初余额没有发生额的账户，以及没有期初余额但有本期发生额的账户。

第二，试算不平衡，肯定账户记录有错误，应认真查找，直到实现平衡为止，但试算平衡了，并不能说明账户记录绝对正确，因为有些错误并不会影响借贷双方的平衡关系。如：

①漏记某项交易或者事项，借贷同时未记，所以借贷仍平衡。

②重记某项交易或者事项，即借贷同时记两次，借贷仍平衡。

③记错方向，借、贷相反。

④记错账户。

⑤借、贷错误巧合，正好抵销。

第三节 会计分录

为了更好地理解和掌握会计的借贷记账方法，通常在会计学习过程中，我们都要学习书写会计分录，即学习如何通过书写会计分录把发生的交易或者事项记录下来，它是会计学习中极为重要的环节。

一、账户的对应关系及会计分录的概念

运用借贷记账法时，对于任何一种交易或者事项，都要在有关账户中形成应借应贷的关系；反过来，任何两个或两个以上账户之间形成的应借应贷关系，也代表了一种具体的交易或者事项。通常，我们把采用借贷记账法对每笔交易或事项进行记录时相互账户之间应借应贷的关系，称为对应关系，把形成对应关系的账户，称为对应账户。例如，上述以银行存款3 000元购买材料，就要在“原材料”账户的借方和“银行存款”的贷方中加以核算，因而这两个账户形成了对应关系，即为对应账户。任何一组借记“原材料”和贷记“银行存款”的会计记录，都核算了以银行存款购买材料这样一种具体的交易或者事项。因此，掌握账户之间的对应关系，对于了解交易或者事项内容，检查会计处理是否正确，都具有非常重要的意义。

在实际工作中，为了便于把交易或者事项正确而适当地记入各有关账户，我们需要根据交易或者事项的内容和借贷记账法的账户结构，确定所涉及的账户及其应借应贷的方向和金额，而这项工作通常需要借助于编制记账凭证来完成。但为了教学方便，我们往往并不真正编制记账凭证，而是通过会计分录这一简化的格式来替代。

会计分录是指对某项交易或者事项标明其应借应贷账户名称及其金额的记录，简称分录。换句话说，在交易或者事项发生或完成时，通过会计分录的方式将其所涉及的会计账户名称、发生额及应借应贷的方向记录下来。

二、会计分录的分类

根据每项交易或者事项所涉及的会计账户的多少，可分为简单会计分录和复合会计分录。

1. 简单会计分录

是指一项交易或者事项仅涉及两个账户的分录，即一个账户记借方和另一个账户记贷

方的分录，一借一贷的账户。

现以前节四项交易或者事项为例，说明简单会计分录的编制。

（1）企业收到投资人 10 000 元投资，存入银行。编制会计分录：

借：银行存款 10 000

　　贷：实收资本 10 000

（2）企业用银行存款 5 000 元偿还短期借款。编制会计分录：

借：短期借款 5 000

　　贷：银行存款 5 000

（3）企业以银行存款 3 000 元购买材料。编制会计分录：

借：原材料 3 000

　　贷：银行存款 3 000

（4）企业从银行借入短期借款 6 000 元，直接偿还应付账款：

借：应付账款

　　贷：短期借款 6 000

2. 复合会计分录

这是指一项交易或者事项涉及两个以上账户的分录，即一借多贷或一贷多借的会计分录。一般情况下不允许多借多贷会计分录，因为不便于体现账户与账户之间的对应关系，但在特殊情况下如一项复杂的交易或者事项要以多借多贷会计分录才能反映得更完整、清楚，在理论和实务上还是可以运用的。复合的会计分录可以分解为多个简单的会计分录。

由于复合会计分录更为简单明了，所以实际工作中也使用复合会计分录，一般不分解为简单会计分录。

三、会计分录的编制

（一）会计分录的格式

会计分录习惯上先标借方、后标贷方，每一个会计科目占一行，借方与贷方错位表示，以便醒目、清晰。

会计分录书写格式：

借：会计账户　　　×××

　　贷：会计账户　　　×××

这种会计分录书写格式，借在前，贷在后，并且彼此相差一个汉字位置，这样有利于分清方向；但这种格式的会计记录仅是在学习过程中使用的一种草写格式，在实际工作中，会计分录是通过编制记账凭证来完成的。

（二）会计分录的编制步骤

会计分录的编制，可按照以下步骤进行：

第一，分析交易或者事项涉及的是资产（费用、成本），还是权益（收入）。

第二，确定涉及哪些账户，是增加，还是减少。

第三，确定记入哪个（哪些）账户的借方，哪个（哪些）账户的贷方，即根据资产增加记借方（用借表示），减少记贷方（用贷方表示），负债和所有者权益增加记贷方（用贷表示），减少记借方（用借表示）的记账原理，确定每个会计账户应记借贷的方向。

第四，确定应借应贷账户是否正确，借贷方金额是否相等。

第四节　总分类账户与明细分类账户

一、总分类账户与明细分类账户的关系

（一）总分类账户

如前所述，总分类账户是指根据总分类科目设置的，用于对会计要素具体内容进行总括分类核算的账户，简称总账账户或总账。为了保持会计信息的一致性、可比性，目前总分类账户一般根据国家所制定的有关会计制度设置。总分类账户根据不同的标志，可以有不同的分类。根据账户所反映的经济内容，通常可将其分为资产类账户、负债类账户、所有者权益账户、成本类账户、损益类账户五类。

（二）明细分类账户

明细分类账户是根据明细分类科目设置的，用来对会计要素具体内容进行明细分类核算的账户，简称明细账。同会计科目一样，明细分类账也可再分为二级账户、三级账户等。实际工作中，将总账账户称为一级账户，总账以下称为明细账户。例如，“原材料”

账户可分为“原料”“主要材料”“辅助材料”等二级账户，“主要材料”也可分为“钢材”“木材”等三级账户，“钢材”还可分为“角钢”“圆钢”“方钢”等四级账户，“角钢”“圆钢”还可按规格再细分明细账户。但并非账户设置得越细越好，而要以既满足管理需要，也简化核算为原则。

(三) 总分类账户与明细分类账户的关系

总分类账户对明细分类账户具有统驭控制作用，明细分类账户对总分类账户具有补充说明作用。总分类账户与其所属明细分类账户在总金额上应当相符。

需要了解企业有多少应收账款，可以从总分类账“应收账款”账户中取得，如果需要进一步了解“应收账款”有哪些客户，每一客户应收多少金额，就需要从“应收账款明细分类账”中按客户名称设置的账户中取得。同时，可看出总分类账户对明细分类账户具有统驭控制关系。

二、总分类账户与明细分类账户的平行登记

所谓平行登记，是指对所发生的每项交易或者事项，都要以会计凭证为依据，一方面记入有关总分类账户，另一方面记入有关总分类账户所属明细分类账户的方法。平行登记既可以满足管理上对总括会计信息和详细会计信息的需求，也可以检验账户记录的完整性和正确性。其要点主要包括以下四个方面。

第一，依据相同。对发生的交易或者事项，都要以相关的会计凭证为依据，既登记有关总分类账户，也登记其所属明细分类账户。

第二，方向相同。将交易或者事项记入总分类账和明细分类账时，记账方向必须相同。即总分类账户记入借方，明细分类账户也记入借方；总分类账户记入贷方，明细分类账户也记入贷方。

第三，期间相同。对每项交易或者事项在记入总分类账户和明细分类账户的过程中，可以有先有后，但必须在同一会计期间（如同一个月、同一个季度、同一年度）全部登记入账。

第四，金额相等。记入总分类账户的金额，应与记入其所属明细分类账户的金额合计相等。这里包含以下含义：总分类账户本期发生额与其所属明细分类账户本期发生额之合计相等。总分类账户期末余额与其所属明细分类账户期末余额之合计相等。

第四章／成本计算与账户的分类

第一节　成本计算

一、成本计算概述

（一）成本的定义

简单说来，成本是为了获得某一商品所需要支付的费用。

成本包括总成本和单位成本。总成本是指为获取一定种类和一定数量的商品所需要付出的费用总和。单位成本是指为获取一个单位的商品所需支付的费用。

生产性成本是由生产要素上耗费的物化劳动 C 与生产者必要劳动 V 所组成；而流转性成本，主要是指在商业企业中，购入商品的原价加上流通费，它只有 C，没有 V。

因此，成本和价值是不同的，价值由 C、V、M（剩余劳动价值）三部分组成，而成本只由 C、V 组成。许许多多个生产同一商品的企业，所耗费的 C+V 不同，即便是同一企业生产同一商品，其不同时期所耗费的 C+V 也各不相同。

在市场经济条件下，所有企业都要加强经济核算，以提高经济效益。成本就是加强经济核算的一个关键指标。以工业企业为例，企业生产商品的价值主要包括以下三个方面的内容。

第一，劳动资料和劳动对象的损耗转移价值 C；

第二，活劳动耗费所创造的价值之中，用工资形式补偿给工人的劳动报酬，就是必要劳动创造的价值 V；

第三，活劳动耗费所创造的价值之中，用来满足社会需求的部分，就是剩余劳动创造的价值 M。

在商品价值中活劳动创造价值 V、劳动资料和劳动对象的损耗转移价值 C 共同构成商品的生产成本，它是由企业在产品生产过程中所耗费的人力、物力和财力的货币体现，这种货币体现就是企业的生产费用。生产费用根据一定的成本计算对象来进行归集，就形成了该种对象的成本。

（二）成本的意义

成本所具有的经济内涵决定了成本计算在经济管理工作中有着非常重要的意义。

1. 成本是补偿生产耗费的尺度

为了确保企业再生产的不断进行，一定要对生产耗费进行补偿。企业在生产产品过程中所发生的各种耗费是通过其本身的经营成果，也就是营业收入来弥补的，而成本则是衡量这一补偿份额的尺度。企业在生产经营过程中，只有靠经营收入来弥补生产耗费后，才能够维持原有的资金周转。反之，在企业的收入不能弥补生产耗费的状况下，会使企业的再生产不能按照原有的生产规模来进行。由此可见，成本作为补偿生产耗费的尺度，对企业的生产经营活动具有举足轻重的影响。

2. 成本是决定产品价格的基础

在市场经济条件下，企业在制定产品价格的时候，应该遵循价值规律的基本要求。产品的价格是由市场供求关系来决定的。然而在实际经济生活中，产品价格又是不能够直接计算的，于是，我们只有通过成本来间接地掌握产品的价值。对于一家企业来讲，产品价格的高低，将直接影响其盈利的多少，而且成本的高低情况，也直接影响企业产品在市场上的竞争力。在产品质与量都相当的情况下，成本低的产品在市场上将会处于有利的竞争位置。

3. 成本是企业进行生产经营决策的重要依据

企业是否能够提供经济效益，是否能够在激烈的市场竞争中成为常胜将军，在很大程度上依赖于企业经营决策者的正确决策。企业在进行生产决策时需要考虑的因素有很多，其中一个非常重要的因素就是成本因素。因为在其他决策条件相同的状况下，成本高低将直接影响一家企业盈利的多少，也影响企业的竞争力。

（三）成本计算的意义

对购买过程、生产过程和销售过程中所发生的各种费用的支出，根据一定的对象（比如采购的材料、生产的产品和已销售的商品）来进行分配和归集，分别对该对象的总成本和单位成本进行计算的过程就是成本计算。成本计算具有以下几点重要意义。

第一，通过成本计算，不但可以正确确定各成本计算对象（采购的材料、生产的产品和已销售的商品）的实际成本，而且为进行货币计价、登记账簿、编制财务会计报告以及制定商品价格，都提供了很重要的依据。

第二，通过成本计算，不但可以为正确评价成本计划执行的实际成果提供依据，而且还可以分析和考核成本升降的原因，挖掘节约劳动耗费的方法，为降低成本、费用提供重要的数据资料。

第三，通过成本计算，还可以及时、有效地控制和监督企业生产经营过程中的各种费用支出，为达到甚至超过预期的成本目标，提供很重要的数据资料。

第四，通过成本计算，还可以对成本进行预测，为规划下期成本目标和成本水平，提供重要的数据资料。

总而言之，成本计算就是成本管理的基础所在。正确运用成本计算方法，对加强成本的管理，全面促进企业实行经济核算制，不断改进生产管理，争取最佳的经济效益，具有很重要的意义。

（四）成本计算的原则

不同的企业因为其生产方式、组织形式和经营特点不同，成本计算方法也是不同的，不过成本计算所遵循的原则却是统一的。

1. 实际成本计价原则

实际成本计价原则包括两个方面的含义：一是对生产产品耗用的原材料、燃料、动力等费用都一定要根据实际成本计价，二是对完工产品成本的结转也需要按照实际成本进行计价。在实际工作中，由于成本计算方法的不同，平常的成本核算工作也可采用计划成本核算，可是在最后计算结转产品成本时，一定要根据实际成本进行。成本计算须按实际成本进行体现的就是客观性原则。

2. 成本核算分期原则

企业的生产经营活动是持续不断地进行的，为了获取一定期间所生产产品的成本，就一定要将生产经营期划分为若干个相等的成本计算期。成本计算期应该与会计核算年度的分期是一致的，区分本期与上期、本期与下期、当月发生与当月负担的成本费用的界限，从时间上确定各个成本计算期的费用和产品成本的界限，保证成本计算的正确性，都是通过成本分期进行的。

3. 权责发生制原则

权责发生制是指以经济业务的发生，也就是以本会计期间发生的收入和费用，是否应该记入本期损益为标准。对本期收入与支出，在会计处理方法上有权责发生制和收付实现制两种。就拿成本会计来看，本期成本的确定是以权责发生制作为基础的，只要是由本期成本负担的费用，无论其是不是支付，都要记入本期成本；只要是不该由本期成本负担的费用，虽然在本期支付，也不应该记入本期成本。从成本角度看，落实这一原则，主要是分清本期发生的费用是不是都由当期产品负担。

4. 划分资本性支出与收益性支出原则

资本性支出是表示某项支出的发生与取得本期收益无关，或者说不是单为取得本期收益而发生的支出，比如固定资产的购置支出。收益性支出是表示某项支出的发生是为了获得本期收益，也就是说支出只与本期收益有关，比如直接工资、在生产过程中原材料的消耗、制造费用以及期间费用都属于收益性支出。

构成资产的资本性支出都要在使用过程中才能逐渐转入成本费用。收益性支出计入当期产品成本或者作为期间费用单独核算，都由当期销售收入来补偿。区分这两种支出的目的，就是为了正确计算资产的价值和各期的产品成本、期间费用及损益。如果将资本性支出列作收益性支出，其结果一定是少计了资产价值，多计了当期成本费用；相反，则也许多计了资产价值，少计了当期成本费用。无论是哪种情况，都对正确计算产品成本不利。

5. 合法性原则

合法性原则是表示计入成本的费用都一定要符合党和国家的方针政策、法令、制度的规定。比如目前制度规定：购置和建造固定资产的支出，对外投资的支出，购入无形资产的支出，被没收的财物，各项罚款性质的支出，捐赠和赞助性质支出等都不能列入成本开支。假如出现违反规定的开支，一定要在纳税申报时给予调整，以保证成本指标的合法性。

6. 一致性原则

一致性原则是表示会计实体在各个会计期间所运用的符合会计准则的会计处理方法，一定要保持前后统一，不得随便更改。这一原则运用于成本会计，在核算上要求所采用的方法一定要前后统一，使得每期的成本资料有一个统一的口径，前后一致，以便分析比较与考核。比如，耗用材料成本的计价方法、计提折旧的方法、辅助生产费用和制造费用分配的标准与方法、产品的计价方法、产成品成本的计算方法等，一定要保持前后统一。一致性原则并不是说成本核算方法固定不变，当以前的方法不能适应时，就可以采用新的方法来计算成本，但一定要在成本报表的附注中说明改变以前的方法的原因。

7. 重要性原则

重要性原则是指对成本有重要影响的项目和内容，把它当作重点单独设立项目进行核算与反映，要求准确无误，而对于那些次要的内容和项目则从简核算与合并反映。比如构成产品实体或主要成分的原材料、生产工人的工资都直接记入产品成本中“直接材料”“直接人工”项目来单独进行反映；对于一般性耗用的数额不大的材料费用就记入制造费用或管理费用，在综合项目中合并反映，从而使成本指标达到最完美的成本效益和经济效益。

（五）成本计算的内容和程序

在企业生产经营过程的每一个阶段中，费用的发生、成本的形成与生产经营过程总是密不可分的，所以，怎样准确无误地计算成本，应该取决于企业的生产特点和管理要求。然而，不管哪一种类型的企业，不管计算怎样的成本，在成本计算的基本内容、成本计算的一般程序和应遵守的基本原则等方面都有相同的地方。把这些相同的地方归纳起来，主要是以下五个方面的内容。

1. 确定成本计算对象

归集和分配费用的对象就是成本计算对象，或者说是费用的归属对象。进行成本计算，首先一定要确定费用归属对象，然后才能根据对象归集各种费用，计算各对象的成本。一般来讲，生产耗费的受益物应该当作成本归属的对象。比如，工业企业在购买过程中发生的各种费用是为了采购各种材料发生的，因此，应该把采购的各种材料当作成本计算对象，归集采购过程中发生的各种费用并计算各种材料的采购成本；生产过程中的各种费用是为了生产各种产品所发生的，所以，要把所生产的各种产品当作成本计算对象，归集产品生产过程发生的费用并计算各种产品的生产成本；销售过程中的各种费用是为销售各种商品所发生的，应该把已销售的各种产品当作成本计算对象，归集销售过程所发生的费用并计算各种已售商品的成本。

需要指出的是，产品生产过程的各种成本计算对象并不全是这一过程的最终产品。根据各类企业的生产特点及管理要求，生产过程的成本计算对象也有可能是产品的品种、产品批别或生产步骤。假若是最终产品，也并非最终的每一种产品。比如，以经营作物为主的国有农场，一般来讲，各种作物产品应该作为成本计算对象。然而，根据农作物生产的特点以及国家对成本管理的要求，对主要的作物产品，应该作为主要核算对象归集费用，计算各种作物产品的成本；但对于其他一些次要的作物产品，却可以按照合并的作物产品组（类）作为成本计算对象归集费用，计算各组（类）作物产品的成本。对于产品品种、规格繁多的某些工业企业来讲，也可以把产品的类别当作成本计算对象。总之，要根据企业生产特点和管理要求来确定成本计算对象。

2. 确定成本计算期

什么是成本计算期？企业每隔一段时期就要计算一次成本，这其中的间隔时间就是成本计算期。

由于费用和成本是跟随生产经营过程的各个阶段发生和逐步积累而形成的，所以，从理论上讲，成本计算期同产品的生产周期应该是相互一致的。但是真正在确定成本计算期的时候，还要考虑企业生产工艺的技术特点、生产组织的特点及分期考核经营成果的要求。比如，在工业企业中，对于大量、大批生产的企业，由于其接连不断地重复生产同一类产品，为了考核和计算每个月的经营成果，就确定成本计算期为一个月，也就是月尾计算各种产品成本。这样一来，成本计算期和会计期间就是一致的，和产品的生产周期是不一致的。按照单件组织生产的企业，需要等待产品制造结束才能计算成本，因此，其成本计算期与产品的生产周期是一致的，和会计期间是不一致的。又比如，在农业企业中，由于农业具有自然生长周期较长、收获时间比较集中以及各种费用和农业用工不均衡等特点，于是农业企业的成本计算通常不是以“月”为成本计算期，而是以“年”为成本计算期，年终结账之前才计算成本。

3. 确定成本项目

在前面介绍过，组成各种成本的费用，其经济用途是各不相同的。比如，组成材料采购成本的费用，有的是用在购买材料的货款上，有的则是用在支付各种采购过程中的运杂费上；组成产品成本的费用，有的直接用在产品生产上，有的则是用在管理和组织生产上。由此可见，只有一个总括的成本指标，往往是很难满足成本管理需求的。要求将成本中的各种费用，按其经济用途分成许多成本项目，按照成本项目归集费用、计算成本。这样不但可以明确成本中各种费用用于哪些方面，应当由哪个部门负责控制和监督，以加强经济责任制，而且还可以明确成本的构成，以方便分析、比较成本升降的具体原因和各种因素对成本升降的影响程度。所以，为了科学地进行成本计算，无论哪种企业，都应当正确无误地确定成本项目。

具体到某一家企业生产经营过程的某一个阶段，到底要设置哪些成本项目比较适当，要依照不同企业的生产特点、对成本管理的要求以及企业会计工作的水平来确定。对于那些在成本中所占比重不大，不能制定定额或费用预算、种类又较多的费用，一般可以将这些费用合并确定为一个成本项目予以反映和监督，以简化核算工作；对那些在成本中所占比重较大，又制定有定额或费用预算，在管理上要求单独给予反映和监督的费用，应该单独确定成本项目来进行核算。本书仅以品种为成本计算对象来说明成本计算的基本原理。

4. 正确地归集和分配各种费用

成本计算的过程，实际上就是费用归集和分配的过程。为了能正确地归集和分配各种费用，做好成本计算工作，通常要做到以下三点。

（1）遵守国家规定的成本开支范围，划清费用的补偿界限

企业的经济活动各式各样，费用的支出也各不相同。不同的费用支出，其补偿的资金来源是有所不同的。比如，企业支付的职工医药费、临时困难补助等，应该由应付福利费来开支；企业生产产品的费用支出应当由生产经营资金开支。所以，在企业的经济活动中，并不是所有的费用支出都可以计入成本。哪些费用支出可以计入成本，哪些费用支出不可以计入成本，国家都有统一的规定，这种规定就叫作成本开支范围。任何单位都要遵守国家关于成本开支范围的规定，不能乱计成本。只有与产品生产和销售有关、应该由生产经营资金补偿的费用支出，才可以计入成本；而与产品生产和商品销售无关的，要由特定的资金来源补偿的费用，不得计入成本。

（2）根据权责发生制原则，划清费用的受益期限

企业在成本计算期内发生的费用，不一定全部计入本期产品成本，而且在本期完工的产品成本也不一定都是本期实际支出的费用。所以，应该根据权责发生制原则，采用待摊或者预提的方法来正确划分费用的归属期，正确确定各期成本应该负担的费用界限：凡是由本期成本负担的费用，无论其是不是支付，都应该全部计入本期成本；凡是不应该由本期成本负担的费用，即使已经支付，也不能够计入本期成本。

（3）按受益原则，划清费用的受益对象

任何一种费用都只有具体划归到某一种具体成本计算对象时，才能形成该成本计算对象的成本。成本计算就是要具体计算各成本计算对象所要负担的费用。所以，在确定应由本期成本负担的费用之后，还一定要按成本对象正确地归集和分配各种费用。在会计实践中，各成本对象之间的费用界限，应根据受益原则来划分，也就是说发生的各种费用，要根据各个成本对象是不是受益和受益程度大小来负担，实现多益多摊、少益少摊、无益不摊的原则。

根据分配受益的原则，凡是能分清费用受益对象应由某一成本计算对象负担的费用，就应该直接计入该成本计算对象的有关成本项目；凡是不能够分清费用受益对象，应该由两个或两个以上的成本计算对象共同负担的费用，就应该按照一定的分配标准分配计入各个成本计算对象。

5. 开设并登记费用、成本明细分类账户，编制成本计算表

计算各个成本计算对象的成本，就是通过成本明细分类账来完成的，所以，计算成本一定要为各个成本计算对象开设有关的成本计算明细分类账，账户内按照规定的成本项目设置专栏，将凭证中为各成本计算对象发生的所有费用，按其经济用途在各个成本明细分类账中进行分配和归集，借以计算各成本对象的成本。之后，根据各费用、成本明细分类账的有关成本资料，按照规定的成本项目，编制成本计算汇总表，全面反映各个成本对象总成本和单位成本。以工业企业为例，为了正确计算成本，要开设并登记有关“材料采购”“生产成本”等明细分类账，进行有关的明细分类核算，并且编制材料采购成本计算表、主营业务成本计算表和产品生产成本计算表。

二、材料采购成本的计算

计算材料采购成本，应将材料的品名或类别作为成本计算对象，归集所发生的材料买价和各种采购费用，并且计算其总成本和单位成本。

材料采购成本是由买价和采购费用两个成本项目构成的，即：

材料采购成本=买价+采购费用

其中，买价是指供应单位所开具的发票价格；采购费用则包括运杂费（包括运输费、装卸费、保险费、包装费、仓储费等）、运输途中的合理损耗、入库前的整理挑选费用（包括整理挑选中发生的工费支出和必要损耗，再扣除回收的下脚废料价值）以及购入须负担的税金、外汇价差和其他费用。

材料买价属于直接费用，要直接计入各种材料的采购成本。采购费用，凡是能分清的，要直接计入各种材料采购成本；凡是不能分清的，要按照材料的重量、买价、体积等比例，分配计入各种材料的采购成本。共同采购费用计算公式如下：

共同采购费用的分配率=共同采购费用总额÷各种材料的重量（买价、体积）

合计某材料应分配的采购费用=共同采购费用的分配率×该材料的重量（买价、体积）

对于企业供应部门或材料仓库所发生的经常性费用、采购人员的差旅费、采购机构经费，以及市内零星运杂费等不计入材料采购成本，列入管理费用。

三、产品生产成本的计算

产品生产成本的计算，就是根据生产的各种产品分配和归集生产过程中所发生的各项生产费用，并且按照成本项目计算各种产品的单位成本和生产总成本。

工业企业在产品生产过程中所发生的生产费用，其内容可概括为以下几个基本要素。

第一，劳动资料耗费的费用，表示在生产产品中所使用的机器设备，以及形成生产条件的厂房、建筑物等固定资产耗费的价值，比如折旧费等。

第二，劳动对象耗费的费用，表示在产品生产过程中消耗构成产品主要实体的原料以及主要材料，有助于产品形成但不构成产品实体的辅助材料、燃料等费用。

第三，活劳动耗费的费用，表示支付给劳动者的劳动报酬。

第四，其他费用支出，表示企业为组织和管理生产所发生的各种耗费，比如管理人员工资、办公费、水电费、保险费、修理费等。

上述这些应计入产品成本的生产费用，按照其经济用途可以划分为以下三个成本项目。

①直接工资，表示直接参加生产产品的工人工资以及按照规定比例计算提取的职工福利费。

②直接材料，表示直接用在生产产品、构成产品实体的原材料和有助于产品形成的辅助材料、燃料、水电费等。

③制造费用，表示为组织和管理生产产品所发生的各种费用，包括工厂管理部门和生产车间发生的管理人员工资和福利费、修理费、办公费、水电费、折旧费等。

在计算产品生产成本的时候，应该按照产品成本项目进行分配和归集，以便于反映产品生产成本的组成，分析成本升降的原因。

每一种产品生产成本的计算都是通过“生产成本”明细分类核算来完成的。生产费用在各个生产成本明细分类账中的归集，采用直接费用（如生产产品耗用的材料、生产工人工资以及福利费等）直接计入生产成本明细账中相关的成本项目，间接费用（如制造费用）采用分配计入产品成本的方法，分配的标准有生产工人工资、产品生产工时等。

四、产品销售成本的计算

产品销售成本的计算，就是针对已售的各种商品，分配和归集该商品销售过程中所发生的各项商品销售费用和已售商品的生产成本，并且按照项目计算各种产品的单位成本和商品销售总成本。

比如前面所指出的，企业在销售过程中，将可能发生各种销售费用，比如运输装卸费、保险费、包装费、广告费等。商品销售成本由本期已售商品的生产成本和销售费用组成。正确计算商品销售成本，不但可以为分析考核商品销售成本的执行情况提供数据，而且还可以正确计算各种产品的销售利润（亏损），分析考核销售计划和利润计划的执行情况。各种商品销售成本的计算，是通过主营业务收入明细分类账户进行的。反映在主营业务收入明细分类账中的商品销售成本部分，也需要运用成本计算方法来进行计算。已售商品的生产成本，可以直接计入各产品的商品销售成本。销售费用，假如能明确应该由某种已售商品负担的，就可以直接计入该产品的商品销售成本；假如应该由两种或两种以上已售商品负担的，就应该按照一定的标准，比如包装运杂费按商品销售的重量、体积为标准来进行分配，保险费、广告费等应该以商品销售价格作为标准来进行分配，分配计入各种产品的商品销售成本。

第二节　账户的分类

一、账户分类概述

（一）账户分类的概念

账户的分类就是根据账户的本质特性，按照一定的原则，对所有账户进行科学的概括和归类。为了全面反映各会计要素之间的增减变化情况，同时为企业的经济管理提供必需的会计信息，一定要设置并运用一系列的账户。各个账户之间既彼此独立，又相互联系。由多个彼此独立、作用互补的具有内在联系的账户所组成的完整的账户系列，称为账户体系。

（二）账户分类的意义

企业的经济业务是复杂的、多种多样的，不同的经济业务包括不同的经济内容。在实际工作中，为了加强企业的经营管理，就需要会计提供不同的会计资料。通过对账户的分类可以对不同的经济信息进行分类整理，提供经济管理所需要的各方面的资料；通过对账户的分类能够建立一套完整的账户体系，因为单个的账户只能提供某一个方面的会计信息，各账户之间的会计信息具有关联性，而一套完整的账户体系能够提供系统的会计信息资料。所以，了解每个账户的特点，研究账户的使用规律，对于具体运用各个账户是相当重要的。

第一，账户的分类有助于从理论上加深对账户的全面认识，掌握账户体系的设置和运用在会计核算体系中的地位和作用，有利于正确运用设置账户这种会计核算的方法，建立更加完善的会计核算体系。

第二，账户的分类有利于进一步了解账户体系中各类账户的共性和特性，了解各个账户间的联系与区别，从使用账户的技术方法这一角度来研究账户的不同用途和结构，揭示账户使用中的规律，不断提高运用技能，从而做到更加准确、熟练地使用账户。

第三，账户的分类可以让我们正确认识各会计要素的经济内容，通过将数据按照报表信息的要求进行分类，形成报表所要揭示的财务信息和其他信息，为经济管理者提供系统的、分门别类的会计信息资料。

第四，账户的分类，可以揭示出全部账户在反映会计内容上存在的分工又协作的关系，当会计制度确定的会计账户随着各个时期经济管理的不同要求发生变动时，能够尽快适应并在统一会计制度许可的范围内，根据企业的实际情况增设或是合并会计账户。

二、账户按经济内容分类

所谓账户的经济内容，就是指账户反映会计对象的具体内容。账户按照经济内容分类，就是按照账户所表现的会计对象的具体内容进行分类。在这种分类方法下，账户之间最本质的区别在于其反映经济内容的不同。按照经济内容分类是对账户最基本的分类。企业会计对象的具体内容分为资产、负债、所有者权益、收入、费用、利润六大要素。与之相对应，企业的账户按照经济内容可分为资产类账户、负债类账户、所有者权益类账户、收入类账户、费用类账户和利润类账户六大类。

需要注意的是，企业在一定期间内的利润经过分配之后，除了分配给投资者的利润要退出企业外，企业按照规定提取的盈余公积和未分配利润仍然留在企业，最终要归属企业所有者权益。所以，账户按照经济内容分类，要把“本年利润”“盈余公积”“利润分配”账户划归到所有者权益类账户。

另外，很多企业特别是加工、制造企业，为了进行产品成本计算，还需要专门设置用于核算成本的账户。企业在一定时期内所获得的收入和发生的费用，最终都要体现在当期损益中，因此也可以把核算内容与损益计算相关的收入、费用类账户划归为一类，也就是损益类账户。

（一）资产类账户

资产类账户是用来揭示企业资产的增减变动及结果的账户。根据资产流动性的不同，资产类账户又可以分为两类，即反映流动资产的账户、反映非流动资产的账户。

反映流动资产的账户，主要包括“库存现金”“银行存款”“应收票据”“应收账款”“其他应收款”“库存商品”“原材料”等账户。

反映非流动资产的账户，主要有“固定资产”“累计折旧”“在建工程”“长期股权投资”“长期应收款”“无形资产”账户。固定资产反映固定资产的原始价值，累计折旧则反映固定资产的累计损耗价值。

（二）负债类账户

负债类账户是用来揭示企业负债增减变动及结存情况的账户。负债账户根据偿还期限的长短及其流动性的不同分为两类，即反映流动负债的账户、反映非流动负债的账户。

反映流动负债的账户，主要包括“短期借款”“应付账款”“应付职工薪酬”“应交税费”“预收账款”“应付股利”“应付利息”“其他应付款”等账户。

反映非流动负债的账户，主要包括“长期借款”“应付债券”“长期应付款”等账户。

（三）所有者权益类账户

所有者权益类账户是用来反映所有者权益增减变动情况及其结果的账户。所有者权益账户按照其来源的不同，也可以分为两类，即所有者投入的资本和经营积累。反映所有者投入资本的账户，如“实收资本”账户。

反映经营积累的账户，主要包括“盈余公积”“资本公积”等账户。

（四）成本类账户

成本类账户是用来揭示和监督企业在生产经营过程中某一阶段发生的费用，并且计算该阶段成本的账户。按照成本发生在经营过程中阶段的不同可以分为两类，即购买过程成本的成本计算账户和生产过程成本的成本计算账户。

购买过程成本的成本计算账户，是用来归集材料购买过程中的费用，并计算材料采购成本的账户，比如“材料采购”账户。

生产过程成本的成本计算账户，是用来归集产品生产过程中发生的全部费用，并计算产品生产成本的账户，比如“生产成本”“制造费用”账户。

（五）损益类账户

损益类账户是与损益计算直接相关的账户，其核算对象主要是企业的收入和费用，这些账户按照其与损益组成的关系可分为三类，即揭示营业损益的账户、揭示营业外收支的账户、揭示所得税费用的账户。

揭示营业损益的账户，比如“主营业务收入”“主营业务成本”“其他业务收入”“其他业务成本”“销售费用”“管理费用”“财务费用”等账户。

揭示营业外收支的账户，有“营业外收入”“营业外支出”账户。

揭示所得税费用的账户，有“所得税费用”账户。

上面列举的工业企业的账户，是按照其经济内容的分类，可用表 4-1 表示。

表 4-1 账户按照经济内容的分类

账户类别	具体分类	具体内容
资产类账户	揭示流动资产的账户	库存现金、银行存款、应收票据、应收账款、其他应收款、库存商品、原材料等
	揭示非流动资产的账户	固定资产、累计折旧、在建工程、长期股权投资、长期应收款、无形资产等
负债类账户	揭示流动负债的账户	短期借款、应付账款、应付职工薪酬、应交税费、预收账款、应付股利、应付利息、其他应付款等
	揭示非流动负债的账户	长期借款、应付债券、长期应付款等
所有者权益类账户	揭示所有者投资的账户	实收资本等
	揭示经营积累的账户	盈余公积、资本公积等
成本类账户	揭示材料采购成本的账户	材料采购等
	揭示产品生产成本的账户	生产成本、制造费用等
损益类账户	揭示营业损益的账户	主营业务收入、主营业务成本、其他业务收入、其他业务成本、销售费用、管理费用、财务费用等
	揭示营业外收支的账户	营业外收入、营业外支出等
	揭示所得税费用的账户	所得税费用等

三、账户按用途和结构分类

(一) 账户的用途和结构的含义

账户按照会计要素分类，可为账户的设置与运用奠定基础。然而，账户按照会计要素分类，并不能确定在何种情况下使用何种账户，即不能明确账户的用途是什么；与此同时，也没有明确怎样使用各类账户，怎样提供经营管理所需要的各项指标，以及各类账户的基本结构、内容，即不能明确账户的结构是怎样的。所以，为了能够正确地运用账户来记录经济业务，掌握账户在提供核算指标方面的规律性，必须在账户按照会计要素分类的基础上，再进一步对账户按照用途和结构进行分类。

账户的用途即设置和运用账户的目的，是指通过账户的记录能够提供哪些会计核算指标。

账户的结构是指在账户中如何记录经济业务，怎样取得所需的会计核算资料，即账户的借方登记什么，贷方登记什么，期末账户有无余额，在通常情况下余额在哪一方，描述怎样的经济内容。

账户的用途和结构是否相同，往往取决于账户的性质。

(二) 账户按用途和结构分类

现在以工业企业常用的账户为例，来说明各类账户的用途、结构及其基本特点。

1. 盘存类账户

盘存类账户是指用来核算那些能够盘点其数量，从而确定其金额的物资、财产和货币资产增减变动及其结存的账户。

盘存类账户的用途，是可以提供与物资、财产、货币资产的实存数额相互核对的期末账面结存额；可通过财产清查或对账的办法，来检查账面结存数是否与实存数相符，检查物资财产在经营管理上可能存在的问题。

盘存类账户的借方登记各项货币资金和物资财产的增加数，贷方登记各项货币资金和实物资产的减少数，期末余额都是在借方，表明期末各项货币资金和实物资产的结存数额。盘存类账户的结构如表 4-2 所示。

表 4–2 盘存类账户

借方　　　　　　　　　　盘算账户　　　　　贷方

期初余额：物资财产或货币资金的期初结存数 发生额：物资财产或货币资金的增加数 期末余额：物资财产或货币资金的期末结存数	发生额：物资财产或货币资金的减少数

盘存类账户有如下特点。

第一，所有账户都可通过定期或不定期的实物盘点和核对账目来检查账户记录是否准确，账实是否相符。

第二，在各项物资财产和货币资产有结存的情况下，揭示各项物资财产和货币资产的账户期末就应该在借方。不但总分类账户余额在借方，而且明细分类账户的余额也在借方。假如出现贷方余额，就表明物资财产或货币资产在收发保管或是账务处理上存在问题。

第三，该类账户中揭示物资财产的账户在进行明细分类核算的时候，除了“库存现金”“银行存款”等账户外，其他盘存类账户比如“固定资产”“原材料”“库存商品”等账户，不但要用货币计量，还需兼用实物计量。

属于盘存类账户的主要有“银行存款”“库存现金”“固定资产”“原材料”“库存商品”等账户。

2. 资本类账户

资本类账户，又称为投资权益类账户或是所有者权益账户，主要用来核算企业资本金的增减变动及其实有数额。这类账户揭示的内容通常是投资者的权益，不仅包括投资者的原始投入，还包括在经营过程中形成的归投资者享有的权益。

此类账户的贷方登记企业投资者投入的资本金以及形成的盈余积累资本的增加数，借方登记其减少数，期末余额总在贷方，表明投资者投入的资本金及盈余积累资本的实有数额。资本类账户的结构如表 4–3 所示。

表 4–3 资本类账户

借 方　　　　　　　　投资权益账户　　　　　贷 方

发生额：本期资本金的减少数	期初余额：原始资本金实有数 发生额：本期资本金的增加数 期末余额：资本金的期末实有数

资本类账户的特点如下。

第一，由于资本类账户揭示企业投资人对企业净资产的所有权，所以，该类账户不论是总分类核算还是明细分类核算，都只需用（而且一定要运用统一的）货币计量，以说明资本规模及其增减变化。

第二，由于该类账户揭示企业从外部取得的投资或内部形成的积累，所以，在生产经营期间，揭示外部投资的账户一定有贷方余额，揭示企业内部形成的资本积累的账户有时可能出现贷方无余额的情况。但无论是揭示外部投资还是内部积累的账户，都不会出现借方余额；否则就说明所有者权益受到侵犯或者账务处理上有错误。

属于资本类账户的主要有“实收资本”“资本公积”“盈余公积”等账户。

（三）结算类账户

结算类账户是用来揭示和监督企业同其他单位或个人之间债务、债权结算情况的账户。结算业务性质的不同，决定了不同结算类账户具有不同的作用和结构。

结算类账户的共同作用，是核算应收、应付款项的增减变动情况，促使企业及时催收应收款项，及时偿付应付款项，准确确定企业债务、债权数额。根据账户的具体作用和结构，结算类账户可分为负债结算类账户、资产结算类账户和资产负债结算类账户三类。

第一，负债结算类账户，又称为债务结算类账户。它是用来核算企业同各个债权单位或个人之间的结算业务的账户，即核算各种应付或预收款项的账户。负债结算类账户的贷方登记期初借入款项、应付款项或预收款项的增加数，借方登记本期借入款项、应付款项或预收款项的减少数。负债结算类账户假如有余额，在贷方，表示结欠的借入款项、应付款项或尚未结算的预收款项的实有数。负债结算类账户的结构如表 4-4 所示。

表 4-4　负债结算类账户

借 方　　　负债结算类账户	贷 方
发生额：借入款项、应付账款或预收账款的减少数	期初余额：期初借入款项、应付账款或预收账款的结存数 发生额：借入款项、应付账款或预收账款的增加数 期末余额：借入款项、应付账款或预收账款的结存数

属于负债结算类账户的主要有“应付账款”“预收账款”“短期借款”“长期借款”“应付职工薪酬”“应交税费”“应付利润”“其他应付款”等账户。

第二，资产结算类账户，又称为债权结算类账户，与负债结算账户正相反，是用来揭示和监督企业同各债务单位或个人之间的债权结算业务的账户，即核算各种应收或预付款项的账户。这类账户的借方登记各种应收款项或预付款项的增加数额，贷方登记其减少数额，余额一般在借方，表示还没有收回的应收款项或还没有结算的预付款项等债权的实有数额。资产结算类账户的结构如表 4-5 所示。

表 4-5　资产结算类账户

借 方　　　　　　　　资产结算类账户　　　　　　　　贷　方

期初余额：尚未结算的应收账款或期初结存数 发生额：本期应收账款及预付账款增加数 期末余额：尚未收回的应收款或预付款的期末结存数	发生额：本期应收账款或预付账款的减少数

属于资产结算账户的主要有“应收账款”“应收票据”“预付账款”“其他应收款”等账户。

第三，资产负债结算类账户，又称为债权债务结算类账户，这类账户不仅揭示债权结算业务，而且揭示债务结算业务，是双重性质的结算账户，主要用来揭示企业同其他单位或个人之间的往来结算款项。此类账户的借方既登记债权的增加，又登记债务的减少；贷方既登记债务的增加，又登记债权的减少；余额在借方，表示还没有收回的应收款项；余额在贷方，表示还没有偿付的应付款项。资产负债结算类账户的结构如表 4-6 所示。

表 4-6　资产负债结算类账户

借 方　　　　　　　　资产负债结算类账户　　　　　　　　贷 方

期初余额：期初应收款项大于应付款项的差额	期初余额：期初应收款项小于应付款项的差额
发生额：（1）本期应收款项的增加数；（2）本期应付账款的减少数	发生额：（1）本期应收款项的减少数；（2）本期应付账款的增加数
期末余额：应收款项大于应付款项的总额	期末余额：应收款项小于应付款项的总额

在经济活动中，企业经常会与某些单位有业务往来。这些单位和个人有时是企业的债权人，有时又是企业的债务人。换句话来说，企业与该单位相互发生债权、债务关系，因而会导致双方债权人、债务人的地位经常转换。为集中揭示企业与这类单位或个人之间发生的债权与债务结算情况，在会计实务活动中，可设置一个账户核算某一单位或个人款项增减变动及其余额的情况，从而简化核算手续。在会计实务中，假如企业不单独设置“预收账款”账户，而用“应收账款”账户同时核算监督企业应收账款和预收账款的增减变动情况和结果，那么此时的“应收账款”账户就是一个债权债务类账户；假如企业不单独

设置“预付账款”账户，而是用“应付账款”账户同时核算监督企业应付账款和预付账款的增减变动情况及结果，那么此时的“应付账款”账户就是一个债权债务类账户。

4. 集合分配类账户

集合分配类账户主要用来归集和分配企业生产经营过程中某个阶段所发生的各种费用，揭示和监督相关费用计划的执行情况和费用分配情况。企业在生产经营过程中发生的一些应该由各个成本计算对象共同负担的间接费用，不能直接计入某个成本计算对象，而要首先通过集合分配账户进行归集，然后再按照一定的标准进行分配，计入各个成本计算对象。企业可通过集合分配类账户来核算和监督有关费用计划的执行情况和分配情况，加强间接费用的管理，正确确定产品的生产成本。

集合分配类账户的基本结构是：借方登记各种费用的发生数，贷方登记按照一定标准分配到各个成本计算对象的费用分配数。除了季节性生产的企业之外，这类账户借方归集的费用通常在当期的期末都全部分配到各个成本计算对象中，因此集合分配类账户往往在期末没有余额。集合分配类账户的基本结构如表 4-7 所示。

表 4-7　集合分配类账户

借方　　　　集合分配类账户　　　　贷方

发生额：汇总归集某项成本或费用的本期发生额	发生额：期末按照一定标准分配给受益产品的数额

集合分配类账户的特点如下。

第一，由于该类账户归集的成本费用通常要在期末时全部分配到各个受益对象中，所以，费用经过分配结转后，该账户通常没有余额。

第二，为了考核费用的发生情况，该账户通常要分项目进行明细分类核算。

第三，集合分配类账户所归集和分配的费用是揭示经营过程耗费的综合性信息，因此这类账户只需要提供货币信息。

属于集合分配类账户的主要有“制造费用”账户等。

5. 跨期摊提类账户

跨期摊提类账户是指根据权责发生制的要求，核算应该由各个会计期间共同摊提的费用，并把这些费用在各会计期间摊配或预提的账户。该账户设置的目的在于根据配比原则和权责发生制原则，合理划清费用的受益期限，将应该由几个会计期间共同负担的产品生产成本或期间费用，合理分配到各个受益期中，以便正确地计算各期产品成本和期间费用。该类账户有“长期待摊费用”账户等。“长期待摊费用”账户属于资产类账户。在结构上，其借方登记费用的支出额或发生数额，贷方登记应该由各会计期间产品成本或期间费用负担的费用摊配数额，借方余额反映出已经支付或已经发生但还没有摊配的数额。跨期摊提类账户结构如表 4-8 所示。

表 4-8　跨期摊提类账户

借 方　　　　跨期摊提类账户　　　　贷 方

期初余额：以前支付但应由本期或以后各期产品成本负担的费用数额 发生额：本期支付但应由本期或以后各期产品成本负担的费用数额 期末余额：在本期和以前各期支付但应计入以后各期产品成本的费用数额	发生额：按照一定标准分配应由本期成本负担的费用数额

跨期摊提类账户的特点如下：

第一，费用由相连的许多会计期间共同负担，借方登记的是费用的实际支出数，贷方登记的是分摊或提取数。

第二，当实际支出的费用摊配完毕后，这类账户应该没有余额。

6. 成本计算类账户

成本计算类账户用来揭示和监督企业生产经营过程中某一阶段所发生的应该计入成本的全部费用，并确定各成本计算对象的实际成本。

成本计算类账户的借方登记应该计入成本的所有费用，包括直接计入各个成本计算对象的费用和按照一定标准分配计入各个成本计算对象的费用；贷方登记转出的已经完成某一过程的成本计算对象的实际成本。成本计算类账户期末余额在借方，表示还没有完成某一过程的成本计算对象的实际成本。

成本计算类账户的结构如表 4-9 所示。

表 4-9　成本计算类账户

借 方　　　　成本计算类账户　　　　贷 方

期初余额：尚未完成生产经营过程的成本计算对象的实际成本 发生额：汇集生产经营过程发生的全部费用数额 期末余额：尚未完工的在产品的实际生产成本	发生额：分配转出已完成生产过程的成本计算对象的实际生产成本

成本计算类账户的特点如下：

第一，根据成本计算对象设置明细分类账。

第二，假如成本计算对象本期全部完工，则期末没有余额，假如成本计算对象只部分完工，期末就有余额。

属于成本计算类账户的主要有“生产成本”“材料采购”“在建工程”等账户。

7. 财务成果类账户

财务成果类账户主要用来核算企业在一定时期（月份、季度、年度）内全部生产经营活动的最终财务成果即利润或亏损情况。财务成果类账户可以分为财务成果形成过程类账户和财务成果计算类账户。

（1）财务成果形成过程类账户

财务成果形成过程类账户是主要用来核算企业一定时期内财务成果形成的账户。这类账户的作用是全面揭示和监督企业在一定时期内所获得的各种收入、发生的各种费用、支出的增减变动情况和结转“本年利润”账户的数额。这类账户主要包括收入类账户和费用类账户。这些账户尽管性质不同，但从平常所登记的内容看，其结构都有相同之处，即贷方登记引起财务成果增加的数额，借方登记引起其财务成果减少的数额，期末应把账户的借贷方差额转入“本年利润”账户，结转后没有余额。

第一，收入类账户主要用来揭示和监督企业在一定会计期间内所获得的各种收入，借方登记本期收入的减少额和期末转入“本年利润”账户贷方的数额，贷方登记本期收入的增加额，期末结转后收入类账户没有余额。收入类账户基本结构如表 4-10 所示。

表 4-10　收入类账户

借 方　　　　收入类账户	贷　方
发生额：期末转入“本年利润”账户的合计	发生额：本期发生并确认的收入合计

第二，费用类账户是用来揭示和监督企业在一定会计期间内所发生的应计入当期损益的各种费用的账户。该类账户的借方登记本期费用支出的增加数额，贷方登记本期费用支出的减少数额和期末转入“本年利润”账户借方的费用数额，期末结转后费用账户无余额。费用类账户基本结构如表 4-11 所示。

表 4-11　费用类账户

借 方　　　　费用类账户	贷　方
发生额：本期发生并确认的费用合计	发生额：期末转入“本年利润”账户的合计

常见的费用类账户主要有“主营业务成本”“财务费用”“管理费用”“营业税金及附加”“销售费用”“营业外支出”“所得税费用”账户等。

（2）财务成果计算类账户

财务成果计算类账户是用来计算并确定企业在一定时期（月份、季度、年度）内全部生产经营活动最终财务成果的账户。

该类账户的基本结构是：借方登记在一定时期内发生的、从费用账户转入的各种费用数额；贷方登记在一定时期内发生的、从收入账户转入的各种收入数额；期末时借贷双方相抵的计算结果，假如是贷方余额就表明收入大于费用的差额，也就是企业实现的利润数额，如为借方余额就表明收入小于费用的差额，也就是企业发生的亏损数额。年末，本年实现的利润或发生的亏损都要结转记入利润分配账户，结转以后财务成果账户没有余额。可见，此类账户在年度中间，账户的余额不管是实现的利润还是发生的亏损都不转账，而要一直保留在这个账户内，其目的是提供本期累计实现的利润或累计发生的亏损。所以，年度中间，该账户有余额且既可能在贷方，也可能在借方。年终结转时，要把本年实现的利润或发生的亏损，从本年利润账户转入“利润分配”账户，所以年末结转以后，该账户无余额。财务成果计算类账户的基本结构如表 4-12 所示。

表 4-12　财务成果计算类账户

借方　　　　财务成果计算类账户	贷方
发生额：从各费用账户转入数额	发生额：从各收入账户转入数额
期末余额：本年发生的亏损数	期末余额：本年实现的利润总额

财务成果计算类账户的特点如下：

第一，年度内各期期末都有余额，借方余额为累计亏损，贷方余额为累计净利润。年度终了，因为企业要把本年实现的净利润或亏损总额全部转入“利润分配”账户中，所以，年末本账户无余额。

第二，无论总分类账或明细分类账，都只提供货币信息。“本年利润”账户属于财务成果计算类账户。

8. 计价对比类账户

计价对比类账户是对某项经济业务根据两种不同的计价标准进行对比，从而确定其业务成果的账户。

该类账户的基本结构是，借方按照一种计价标准登记其数额，贷方按照另一种计价标准登记其数额，然后把借贷双方的发生额进行对比，就可以确定其业务成果。计价对比类账户的基本结构如表 4-13 所示。

表 4-13　计价对比类账户

借方　计价对比类账户	贷方
发生额： （1）某项经济业务按照一种计价标准核算 （2）该账户贷方大于借方的差额数	发生额： （1）某项经济业务按照另一种计价标准核算的金额 （2）该账户贷方小于借方的差额数

计价对比类账户的特点如下：

第一，此类账户的借方按照一种价格标准计价，其贷方按照另一种价格标准计价。

第二，此类账户具有明显的过渡性质。

计价对比类账户主要有“固定资产清理”“材料采购”（按照计划成本核算）“生产成本”账户等。

9. 调整类账户

在会计核算中，由于管理上的需要或其他原因，对于某些会计要素，要求用两种数字从不同的方面进行揭示。在此情况下，就必须设置两个账户，一个用来反映原始数字，另一个用来揭示对原始数字进行调整后的数字。把原始数字与调整数字相加或相减，就可以得出调整后的实际数字。

调整类账户是用来调整相关账户的账面金额，以反映相关账户实际余额的账户。调整类账户依赖于被调整类账户而存在，两者核算的内容相同，但是用途和结构不同：调整类账户反映调整数额，被调整类账户反映原始数据。调整类账户与被调整类账户结合起来，才能确定某项资产、负债或所有者权益的实有数额。不但有资产性质的调整类账户，也有权益性质的调整类账户，还有共同性质的调整类账户。调整类账户根据调整方式又可分为附加类账户、抵减类账户和抵减附加类账户三种。

（1）附加类账户

附加类账户是用来增加被调整类账户的余额，以求得被调整类账户实际余额的账户。调整类账户与被调整类账户之间的计算公式为：

被调整类账户的余额+调整类账户的余额=被调整类账户的实际数额

（2）抵减类账户

抵减类账户，也称备抵类账户，是用来抵减被调整类账户的余额，以求得被调整类账户的实际余额的账户。抵减类账户的余额与被调整类账户的余额一定要方向相反。

调整类账户与被调整类账户之间的计算公式为：

被调整类账户的余额−调整类账户的余额=被调整类账户的实际数额

根据被调整类账户的性质，抵减类账户又可分资产性质的抵减类账户和权益性质的抵减类账户两种。

第一，资产性质的抵减类账户是用来抵减某一资产类账户（被调整类账户）的余额，以求得该资产的实际数额的账户。

常用的资产性质的抵减类账户主要有："坏账准备"账户，是"应收账款"账户的调整账户；"累计折旧""固定资产减值准备"账户，是"固定资产"账户的调整账户；"累计摊销"账户，是"无形资产"账户的调整账户；"存货跌价准备"账户，是存货类账户的调整账户；"长期股权投资减值准备"账户，是"长期股权投资"账户的调整账户。

第二，权益性质的抵减类账户是用来抵减某一权益类账户（被调整类账户）的余额，以求得该权益类账户的实际余额的账户。

（3）抵减附加类账户

抵减附加类账户是既用来抵减又用来增加被调整类账户的余额，以求得被调整类账户的实际余额的账户。抵减附加类账户具有抵减类账户和附加类账户的双重作用。当其余额与被调整类账户余额在相同方向的时候，它所起的是附加类账户的作用，其调整方式与附加类账户相同；当其余额与被调整类账户的余额在相反方向的时候，它所起的是抵减类账户的作用，其调整的方式与抵减类账户相同。调整类账户与被调整类账户之间的计算公式为：

被调整类账户的余额±调整类账户的余额=被调整类账户的实际数额

实际工作中常用的抵减附加类账户主要有"材料成本差异""商品进销差价"。

四、账户的其他分类方法

账户除了按照上述标准进行分类之外，还可以按照列入会计报表分类、按照提供指标的详细程度分类、按照有无期末余额分类，等等。

（一）账户按照列入会计报表分类

账户按照列入会计报表分类，可分为资产负债表账户和利润表账户。

1. 资产负债表账户

资产负债表账户是指所提供的资料是编制资产负债表依据的账户。资产负债表账户包括资产类、负债类和所有者权益三类，分别与资产负债表中"资产""负债""所有者权益”这三类项目相对应。比如“生产成本”账户期末有借方余额，表示在产品，也应列入资产负债表。

2. 利润表账户

利润表账户是指所提供的资料是编制利润表依据的账户。利润表账户包括收入类和费用类两类，这些账户是根据利润表的项目设置的。

研究账户按照列入会计报表的分类，目的在于通过这些账户的具体核算，提供期末编制会计报表所需要的数据资料。

（二）账户按照提供指标的详细程度分类

账户按照提供指标的详细程度分类，分为总分类账户和明细分类账户。

1. 总分类账户

总分类账户是对企业经济活动的具体内容进行总括核算，提供总括核算指标的账户。本章前述账户均为总分类账户，也称总账账户、一级账户。在我国，为了保证会计核算指标口径一致，并具有可比性，保证会计核算资料能够进行综合汇总，对总分类账户的名称、核算内容及具体使用方法目前是由《企业会计准则应用指南》或国家统一会计制度规定。

2. 明细分类账户

明细分类账户是对企业某一类经济业务进行明细核算提供详细核算指标的账户，明细分类账户对其总分类账户起着补充和辅助说明的作用。

在会计核算中，并非所有的总分类账户都需要开设明细分类账户。明细分类账户是依据企业经济业务的具体内容设置的，它所提供的明细核算资料是为了满足企业内部经营管理的需要。

研究账户按照提供指标的详细程度分类，目的在于掌握各级账户提供核算指标的规律性，以便正确地运用各级账户，提供全面的核算指标，以满足经营管理的不同需要。

（三）账户按照期末余额分类

账户按照期末余额分类，可分为虚账户和实账户。

1. 虚账户

通常把期末无余额的账户称为虚账户，虚账户的发生额反映企业的损益情况，它是编制利润表的依据。期末无余额账户是指期末结账时，把本期汇集的借（贷）方发生额分别从相反的方向贷（借）方转出，结转后期末没有余额的账户。收入类和费用类账户均为期末没有余额的账户。

研究账户按照期末余额分类，目的在于掌握账户期末余额代表的内容及期末余额结转的规律性，以便正确地组织会计核算。

2. 实账户

通常把期末有余额的账户称为实账户。实账户的期末余额代表企业的资产、负债或所有者权益。它是编制资产负债表的依据。

实账户按照期末余额的方向分类，又可分为借方余额账户和贷方余额账户。借方余额账户是指账户的借方发生额反映增加数，贷方发生额反映减少数，期末余额一定在借方的账户。资产类账户一般都是借方余额。贷方余额账户是指账户的贷方发生额反映增加数，借方发生额反映减少数，期末余额一定在贷方的账户。负债类和所有者权益类账户的期末余额一般都在贷方。

研究账户的分类，揭示账户的特征，可以加深对账户的认识，探明设置和运用账户的规律性。账户分类的标准是依据账户具有的一些特征来确定的，每个账户都具有多个特征，所以，每一个账户都可以按照不同的标准进行分类。比如“原材料”账户，从经济内容上来看，它属于资产类账户，体现企业在生产经营过程中必不可少的流动资产；从用途和结构上来看，它属于盘存类账户，其借方登记材料的增加数，贷方登记材料的减少数，余额在借方，反映实际库存材料；从提供指标的详细程度上来看，它属于总分类账户，总括地反映企业材料的增减变动及库存情况；从列入会计报表上来看，它属于资产负债表账户，账户的期末余额作为企业资产的一部分，列入资产负债表中；从期末余额来看，它属于实账户，属借方余额账户，反映企业库存材料的实际价值。

第五章／会计凭证与登记账簿

第一节　会计凭证

一、会计凭证的含义及分类

（一）会计凭证的概念

生活中，会计凭证多种多样，如：新学期，你交了书费，学校给你开具的收据；去书店买书时，你取得的购书发票。

会计凭证是记录交易或事项、明确经济任务、登记会计账簿的书面证明。

任何单位在处理任何经济业务时，都必须由执行和完成该项经济业务的有关人员从单位外部取得或自行填制有关凭证，以书面形式记录和证明所发生的经济业务的性质、内容、数量、金额等，并在凭证上签名或盖章，以对经济业务的合法性和凭证的真实性、完整性负责。任何会计凭证都必须经过有关人员的严格审核并确认无误后，才能作为记账的依据。合法地取得、正确地填制和审核会计凭证，是会计核算的基本方法之一，也是会计核算工作的起点，在会计核算中具有重要意义。

（二）会计凭证的种类

由于经济业务种类繁多，反映经济业务的会计凭证必然也是多种多样的。会计凭证因填制程序、填制方法及其用途不同，其格式和内容也就不同。通常，按其填制的程序和用途，可以将会计凭证分为原始凭证和记账凭证两类。

1. 原始凭证

原始凭证是在交易或事项发生或完成时取得的或填制的，用来记录或证明交易或事项的发生或完成情况的原始凭据。原始凭证又称“单据”。原始凭证是进行会计核算工作的原始资料和重要依据，是会计资料中最具有法律效力的一种证明。

2. 记账凭证

记账凭证是会计人员根据审核无误的原始凭证，按照交易或事项的内容加以归类，并据以确定会计分录后填制的会计凭证。记账凭证又称“传票”。

记账凭证要根据复式凭证的原理，确定会计科目的记账方向及金额，将原始凭证的内容，即交易或事项转化为会计语言。记账凭证是原始凭证和账簿之间的中间环节，是登记各种账簿的依据。

二、原始凭证的填制与审核

（一）原始凭证的种类

在日常生活中，原始凭证的种类繁多，形式多样，名称不同，形式各异，内容繁简、程度不一。但无论哪一种原始凭证，都是交易或事项的原始凭据，必须详细载明有关交易或事项的发生和完成情况，明确经办单位和人员的经济责任。因此，各种原始凭证又都具有一些共同的基本内容。

原始凭证所包括的基本内容，称为“原始凭证要素”，主要包括以下七个要素：

①原始凭证的名称；

②填制凭证的日期和编号；

③接受凭证单位或个人的名称；

④交易或事项内容；

⑤交易或事项的数量、单价和金额；

⑥填制单位名称或填制姓名；

⑦经办人员签名或盖章。

（二）原始凭证的分类

各单位的经济业务活动是多种多样的，因此，原始凭证的格式、内容以及填制的手续也不尽相同。原始凭证可按不同方式进行分类。

1. 按取得来源不同划分

原始凭证按取得来源划分为自制原始凭证和外来原始凭证。

（1）自制原始凭证

自制原始凭证是指由本单位内部经办业务的部门和人员，在执行或完成某项交易、事项时填制的，仅供本单位内部使用的原始凭证。如领料单、收料单、差旅费报销单、材料验收入库单等。

（2）外来原始凭证

外来原始凭证是指在企业同外单位发生交易时，从其他企业或个人处直接取得的原始凭证，如购货时收到的增值税发票、职工出差时取得的火车票、飞机票、银行送来的各种收款通知等。

2. 按照格式的不同分类

原始凭证按照格式不同，可以分为通用凭证和专用凭证。

（1）通用凭证

通用凭证是指有关部门统一印制、在一定范围内使用的具有统一格式和使用方法的原始凭证。通用凭证的使用范围可以是某一地区、某一行业，也可以全国通用。如现金存款单、转账支票等。

（2）专用凭证

专用凭证是指单位自行印制，仅在本单位内部使用的原始凭证。如借款单、差旅费报销单、工资结算单等。

3. 按填制手续及内容不同分类

按填制手续及内容不同划分，可将原始凭证划分为一次原始凭证、累计原始凭证和汇总原始凭证。

（1）一次原始凭证

一次原始凭证是指一次填制完成，只记录一笔经济业务且仅一次有效的原始凭证，如收据、领料单、收料单、借款单等。

一次原始凭证的填制手续是在交易或事项发生或完成时，由经办人员一次性填制完成的。一次原始凭证一般只反映一项交易或事项，如开具给购货方的“增值税发票”等。有时也反映若干项同类性质的交易或事项，如“领料单”，领料部门一次可能领用一种材料，也可能领用几种材料，只填写在一张“领料单”上。凡是一次性领用的，即为一次原始凭证。

（2）累计原始凭证

累计原始凭证是在一定时期内多次记录发生的同类经济业务且多次有效的原始凭证。

累计原始凭证是分次完成填制手续、可以多次使用、有利于管理控制的原始凭证。

（3）汇总原始凭证

汇总原始凭证是指对一定时期内反映经济业务内容相同的若干张原始凭证，按照一定标准综合填制的原始凭证。

汇总原始凭证也称原始凭证汇总表，是为了简化核算手续，缩减记账凭证数量而设置的。如发出材料汇总表、工资结算汇总表等。汇总原始凭证是有关责任人员根据经济管理的需要定期编制的。

（三）原始凭证的填制

1. 原始凭证填制的基本要求

为了正确、完整、及时地记录各项经济业务，填制原始凭证必须遵循以下七项基本要求：

（1）记录要真实

原始凭证所填制的经济业务内容和数字必须真实、准确，符合实际情况。

（2）内容要完整

原始凭证所要求填列的项目必须逐项填列齐全，不得遗漏和省略。

（3）手续要完备

单位自制的原始凭证必须有经办单位领导人或者其他指定的人员签名（盖章）；对外开出的原始凭证必须加盖本单位公章；从外部取得的原始凭证，必须盖有填制单位的公章；从个人取得的原始凭证，必须有填制人员的签名（盖章）。

（4）书写要清楚、规范

①原始凭证要按规定填写，文字要简要，字迹要清楚，易于辨认，不得使用未经国务院公布的简化汉字。

②大小写金额必须相符且填写规范，小写金额用阿拉伯数字逐个书写，不得写连笔字。

③在金额前要填写人民币符号“￥”，人民币符号“￥”与阿拉伯数字之间不得留有空白。

正确：￥1 276.34　错误：￥1 276.34

④金额数字一律填写到角、分，无角、分的，写“00”或符号“—”；有角无分的，分位写“0”，不得用符号“—”。

正确：¥1 276.34　¥1 276.30　¥1 276.00　¥1276.—

错误：¥1 276.3 —

⑤大写金额用汉字壹、贰、叁、肆、伍、陆、柒、捌、玖、拾、佰、仟、万、亿、元、角、分、零、整等，一律用正楷或行书字体书写。大写金额前未印有“人民币”字样的，应加写“人民币”三个字，“人民币”字样和大写金额之间不得留有空白。如，¥1276.34：

正确　大写金额，人民币壹仟贰佰柒拾陆元叁角肆分

错误　大写金额，人民币　壹仟贰佰柒拾陆元叁角肆分

⑥大写金额到元或角为止的，后面要写“整”或“正”字；有分的，不写“整”或“正”字。

如：小写金额为¥1 008.00，大写金额应写成：壹仟零捌元整。小写金额为¥1 008.35，大写金额应写成：壹仟零捌元叁角伍分。

（5）编号要连续

各种原始凭证要连续编号，以便查考。如果原始凭证已预先印定编号，在写坏作废时，应加盖“作废”戳记，妥善保管，不得撕毁。

（6）不得涂改、乱擦、挖补

原始凭证发生差错要按规定的方法更正，不得涂改或乱擦、挖补。原始凭证有错误的，应当由出具单位重开或更正，更正处应当加盖出具单位印章。原始凭证金额错误的，应当由出具单位重开，不得在原始凭证上更正。

（7）填制要及时

各种原始凭证一定要及时填写，并按规定的程序及时送交会计机构、会计人员进行审核。

2. 原始凭证填制举例

（1）一次原始凭证的填制

下面以“收料单”“增值税专用发票”为例，介绍一次原始凭证的填制方法。

①收料单的填制。

收料单是企业购进材料验收入库时，由仓库保管人员根据购入材料的实际验收情况填制的一次性原始凭证。

企业外购材料，都应履行入库手续，由仓库保管人员根据供应单位开来的发票账单，按实收数量填制“收料单”。

收料单通常是一料一单，一式三联：一联留仓库，据以登记材料物资明细账和材料卡片；一联随发票账单到会计部门报账；一联交采购部门或人员存查。

②增值税专用发票的填制。

增值税专用发票是由国家税务总局监制设计印制的，只限于增值税一般纳税人领购使用的，既作为纳税人反映经济活动的重要会计凭证，又是兼记销售方纳税义务和购买方进项税额抵扣的合法证明。

（2）累计原始凭证的填制

下面以“限额领料单”为例说明累计凭证的填制方法。

“限额领料单”是多次使用的累计发料凭证，在有效期内（一般为 1 个月），只要领用数量不超过限额就可以连续使用。“限额领料单”是由生产、计划部门根据下达的生产任务和材料消耗定额按每种材料用途分别开出的。其填制程序是：

①领料部门申请领料时，在限额领料单内填写领料数量等内容，并经负责人签章批准。

②仓库依据申请数量、材料品名、规格在限额内发料，同时将实发数量及限额余额填写在限额领料单内，领料发料双方在单内签章。

③月末仓库在限额领料单内结出实发数量和结存数量转交财务部门，据以计算材料费用，进行会计核算。

注意：使用限额领料单，全月领用材料的数量一般不能超过生产计划部门下达的全月领用限额。

（3）汇总原始凭证的填制

“发料凭证汇总表”是由财务部门根据各部门到仓库领用材料时填制的领料凭证按期汇总形成的原始凭证。

（四）原始凭证的审核

《会计法》第十四条规定：会计机构、会计人员必须按照国家统一的会计制度的规定对原始凭证进行审核，对不真实、不合法的原始凭证有权不予接受，并向单位负责人报告；对记载不准确、不完整的原始凭证予以退回，并要求按照国家统一的会计制度的规定更正、补充。我国《会计法》规定为会计审核原始凭证提供了法律上的依据，即对原始凭证的审核，主要从审核原始凭证的真实性、合法性、合理性、完整性、正确性和及时性等方面进行。

1. 审核原始凭证的真实性

审核原始凭证所记载的经济业务是否与实际业务情况相符合，具体内容包括经济业务有关的当事单位和当事人是否真实；经济业务发生的时间、地点和填制凭证的日期是否准确；经济业务的内容及数量方面（包括实物数量、计量单位、单价、金额）是否与实际情况相符；等等。

2. 审核原始凭证的合法性

审核原始凭证所反映的经济业务是否符合国家法律法规、方针政策、财务制度和计划、预算的规定，具体内容包括成本费用开支的范围、标准是否按规定执行；有无违反制度规定报销等情况；各项支出是否符合增收节支、增产节约、提高经济效益的原则；有无铺张浪费现象；等等。

3. 审核原始凭证的完整性

审核原始凭证填制的内容是否完整；有关手续是否齐全；有无遗漏的项目；文字和数字是否书写清楚；数量、单价、金额在计算上是否正确；大写金额与小写金额是否相符；凭证格式及填写方法是否规范；单位公章或财务专用章、税务专用章以及有关人员的签字盖章是否具备；须经政府有关部门或领导批准的经济业务，审批手续是否按规定履行；等等。

另外，原始凭证的合理性、正确性、及时性也是审核的要点。对于手续不完备、数字有差错、处理不及时的原始凭证，应向原经办部门和人员讲清楚，并退还给经办部门或人员补办手续或进行更正。

原始凭证经审核无误后，才能作为登记明细分类账户和编制记账凭证的依据。对于真实、合法、合理但内容不够完整、填写有错误的原始凭证，应退回给有关经办人员，由其负责将有关凭证补充完整、更正错误或重开后，再办理正式会计手续。对于不真实、不合法的原始凭证，必须由出具单位重开。

提示：在审核中应注意，原始凭证不得随意涂改、刮擦、挖补，如发现填写错误需要更正的，应当由开出单位更正，更正处要加盖开出单位公章。金额有错误的原始凭证，必须由开具单位重开。

在审核过程中，对于不同情况，要分别予以处理：

第一，对于符合要求的原始凭证，应及时据以编制记账凭证；

第二，对于不真实、不合法的原始凭证，会计人员有权不予受理，并向单位负责人报告；

第三，对于内容不全面、手续不完备、数字不准确或者填写有错误的原始凭证，应当退还给有关业务单位或个人，并令其补办手续或进行更正。

三、记账凭证的填制与审核

（一）记账凭证的种类

尽管原始凭证记载并反映了交易或事项的具体内容，但由于原始凭证来自不同的单位，种类繁多，格式不一，无法清晰地表明应记入的会计科目的名称和方向，所以它并不能将交易或事项发生后所引起的资产与权益的变化情况直接地、总括地反映到有关的账簿中。因此，实际工作中需要对原始凭证进行分类、归纳，按照复式记账原理和设置账户原则，填制具有统一格式的记账凭证，确定会计分录，将相关的原始凭证附在后面，作为登记账簿的直接依据。这样不仅可以简化记账工作、减少差错，而且有利于原始凭证的保管，便于对账和查账，提高会计工作质量。

1. 记账凭证的基本内容

①记账凭证的名称；

②填制凭证的日期；

③凭证编号；

④交易或事项内容摘要；

⑤会计科目、记账方向、记账金额；

⑥所附原始凭证张数；

⑦填制人员、稽核人员、记账人员、会计主管人员的签名或盖章。收款、付款的记账凭证应由出纳人员签名盖章。

2. 记账凭证的种类

第一，按记账凭证的用途分为专用记账凭证和通用记账凭证。其中，专用记账凭证按其反映的交易事项内容与货币资金的关系，又分为收款凭证、付款凭证和转账凭证。

其一，收款凭证是指用于记录现金、银行存款收款业务的会计凭证。收款凭证根据有关库存现金和银行存款收入业务的原始凭证填制，可分为库存现金收款凭证和银行存款收款凭证两种，是登记库存现金和银行存款日记账的依据，也是出纳员收款的证明。

其二，付款凭证是指用于记录银行存款和现金付款业务的会计凭证。付款凭证根据库存现金和银行存款付款业务的原始凭证填制，可分为库存现金付款凭证和银行存款付款凭证两种，它可以作为登记库存现金和银行存款日记账的依据，也是出纳员付出款项的证明。

其三，转账凭证是指用于记录不涉及现金和银行存款业务的会计凭证。它是根据有关转账业务的原始凭证填制的，以作为登记有关账簿的依据。

上述收款凭证、付款凭证和转账凭证，统称为专用记账凭证。有些经济业务比较简单或收付款业务不多的单位，可以使用一种通用格式的记账凭证。这种记账凭证既可用于反映收款业务，又可用于反映转账业务，称为通用凭证。

第二，记账凭证按填列方式可分为复式记账凭证和单式记账凭证。

其一，复式记账凭证是指将每一笔经济业务事项所涉及的全部会计科目及其发生额均在同一张记账凭证中反映的一种凭证。换言之，不论一笔经济业务涉及几个会计科目，均可以反映在一张记账凭证上。前面列举的收款凭证、付款凭证和转账凭证，都是复式凭证。复式记账凭证能全面反映某项经济业务的全貌和所涉及的会计科目之间的对应关系，便于检查会计分录的正确性，但不便于记账分工，实际工作中应用最广泛的是复式记账凭证。

其二，单式记账凭证是指每张记账凭证只填列经济业务事项所涉及的一个会计科目及其金额的记账凭证。换言之，一笔经济业务涉及几个会计科目，就填制几张凭证。填列借方科目的称为借项凭证，填列贷方科目的称为贷项凭证。单式记账凭证便于记账分工，但不能反映某项经济业务的全貌和所涉及的会计科目之间的对应关系。

无论哪种记账凭证，都必须根据审核无误的原始凭证来编制，并按原始凭证所反映的经济业务的内容，做出相应的会计分录，填明记账符号、科目名称和金额，以便据以登记有关账簿。

（二）记账凭证的填制要求

1. 基本要求

第一，记账凭证各项内容必须完整。

第二，记账凭证应连续编号。记账凭证的编号要根据不同情况采取不同的方法。

①如果企业采用通用记账凭证，记账凭证的编号可以采取顺序编号法，即每一会计期间，都必须按月编制序号，不得采用按年或按季连续编号方法。

②如果企业采用收款凭证、付款凭证和转账凭证的形式，则记账凭证应该按照字号编号法，即把不同类型的记账凭证用“字”加以区别，再把同类的记账凭证按照顺序加以连

续编号，如“收字第××号”“付字第××号”“转字第××号”等。

③如果一笔经济业务需要填制一张以上的记账凭证，记账凭证的编号可以采取分数编号。例如，一笔不涉及库存现金和银行存款的业务需要填制两张凭证，凭证的连续编号为“转字 5 号”，则可编号“转字 5/1 号”“转字 5/2 号”。前面的整数表示业务顺序，分子分别表示两张凭证中的第一张和第二张。

④月末最后一张记账凭证的编号旁应加注“全”字，以防凭证散失。

第三，记账凭证的书写应清楚、规范。相关要求同原始凭证。

第四，记账凭证可以根据每一张原始凭证填制，或根据若干张同类原始凭证汇总填制，也可以根据原始凭证汇总表填制；但不得将不同内容和类别的原始凭证汇总填制在一张记账凭证上。

第五，除结账和更正错误的记账凭证可以不附原始凭证外，其他记账凭证必须附有原始凭证。

第六，填制记账凭证时若发生错误，应当重新填制。

①已登记入账的记账凭证在当年内发现会计科目填写错误时，可以用红字填写一张与原内容相同的记账凭证，在摘要栏注明“注销某月某日某号凭证”字样，同时再用蓝字重新填制一张正确的记账凭证，注明“订正某月某日某号凭证”字样。

②已登记入账的记账凭证在当年内发现会计科目没有错误，只是金额错误，也可将正确数字与错误数字之间的差额另编一张调整的记账凭证，调增金额用蓝字，调减金额用红字。

③发现以前年度记账凭证有错误的，应当用蓝字填制一张更正的记账凭证。

第七，记账凭证填制完经济业务事项后，如有空行，应当自金额栏最后一笔金额数字下的空行处至合计数上的空行处画线注销。

2. 收款凭证的填制方法

①在收款凭证右上方填列的借方科目，应是“库存现金”或“银行存款”科目；

②按填制记账凭证的日期填写年、月、日；

③按记账凭证的填制顺序连续编号；

④简明扼要地填写经济业务摘要；

⑤在“贷方科目”填写与“库存现金”或“银行存款”相对应的科目；

⑥在金额栏内填列贷方科目的金额；

⑦在合计栏内计算填写总金额；

⑧将金额栏中的空白处画线注销；

⑨填写所附原始凭证张数；

⑩有关人员在记账凭证下相应处签名或盖章。

出纳人员根据收款凭证收款时，要在凭证上加盖“收讫”戳记，以免重收。

3. 付款凭证的填制方法

付款凭证的填制方法与收款凭证基本相同，只是右上角由“借方科目”换为“贷方科目”，凭证中间的“贷方科目”换为“借方科目”。出纳人员根据付款凭证付款时，要在凭证上加盖“付讫”戳记，以免重付。对于涉及“库存现金”和“银行存款”之间的经济业务，一般只填制付款凭证，不填制收款凭证。

同样道理，对于将现金存入银行的交易业务，则只填制一张“现金付款凭证”。

对于以上现金、银行存款之间划转业务所填的付款凭证，应据以同时登记现金日记账和银行存款日记账。

4. 转账凭证的填制方法

转账凭证将经济业务事项中所涉及全部会计科目按照先借后贷的顺序记入“会计科目”栏中的“一级科目”和“二级及明细科目”，并按应借、应贷方向分别记入“借方金额”或“贷方金额”栏。其他项目的填列与收款凭证、付款凭证相同。

（三）记账凭证的审核

记账凭证填制以后，必须由会计主管人员或其他指定人员进行严格审核。审核的主要内容如下。

1. 内容是否真实

审核记账凭证是否有原始凭证为依据，所附原始凭证的内容是否与记账凭证内容一致。

2. 项目是否齐全

记账凭证审核人员应检查记账凭证中有关项目填列是否完备，有关人员的签章是否完备。

3. 科目是否正确

审核记账凭证的应借、应贷科目是否正确，是否有明确的账户对应关系，所使用的会计科目是否符合国家统一的会计制度的规定。

4. 金额是否正确

在记账凭证上列示的金额有总分类科目金额，也有明细分类科目的金额，记账凭证审核人员应根据借贷记账法的基本原理检查填列金额的正确性。

5. 书写是否正确

审核人员在审核记账凭证时应注意记账凭证的记录是否文字工整、数字清晰，是否按规定进行更正，等等。

在审核过程中若发现记账凭证填制有错误，或者不符合要求，则需要由填制人员重新填制，或按规定的方法进行更正。经过审核无误的记账凭证，便可据以记账。

四、会计凭证的传递与保管

（一）会计凭证的传递

会计凭证的传递，是指各种会计凭证从填制、取得到归档保管为止的全部过程。

各种会计凭证，它们所记录的交易或事项不尽相同，办理业务手续和所需的时间也不尽相同。为了能够利用会计凭证，及时反映各项交易或事项，提供会计信息，发挥会计监督的作用，必须正确、及时地进行会计凭证的传递，不得积压。正确组织会计凭证的传递，应当为每种会计凭证的传递，规定合理的传递程序和在各个环节停留的时间。

1. 会计凭证传递的作用

从一定意义上说，会计凭证的传递起着在单位内部经营管理各环节之间协调和组织的作用。会计凭证传递程序是企业管理制度重要的组成部分，传递程序的科学与否，在一定程度上能说明该企业管理的程序是否科学。会计凭证的传递不仅有利于及时进行会计记录，而且对于完善企业的经济责任制度具有十分重要的作用。

2. 制订会计凭证传递程序应当注意的问题

科学的传递程序，应该使会计凭证沿着最迅速、最合理的流向运行，使会计凭证的传递过程中只经过必要的部门和人员，并明确规定会计凭证在每个部门和业务环节停留的最长时间，并指定专人负责按照规定的顺序和时间监督会计凭证传递。

（1）规定传递程序

要根据各单位交易或事项的特点，内部机构的设置和人员分工的情况，以及经营管理上的需要，恰当地规定各种会计凭证的联数和所流经的必要环节。做到既要使各有关部门和人员能利用会计凭证了解经济业务情况，并按照规定手续进行处理和审核，又要避免会计凭证传递通过不必要的环节，影响传递速度。

（2）确定传递时间

要根据有关部门和人员对交易或事项办理必要手续（如计量、检验审核、登记等）的需要，确定会计凭证在各个环节停留的时间，保证业务手续的完成。但又要防止不必要的耽搁，从而使会计凭证以最快速度传递，以充分发挥它及时传递经济信息的作用。

（3）建立会计凭证交接的签收制度

为了确保会计凭证的安全和完整，在各个环节中都应指定专人办理交接手续，做到责任明确，手续完备、严密、简便易行。

3. 会计凭证的传递要求

会计凭证要在有关部门和人员中进行及时传递，不得积压。在传递过程中，通常原始凭证粘贴在相应的记账凭证后，并将记账凭证按顺序排列整齐，用夹子把记账凭证夹好，严防在传递的过程中造成会计凭证散失。传递中，每一位财会人员都有责任确保会计凭证的安全与完整。

（二）会计凭证的保管

会计凭证的保管，是指会计凭证登账后的整理、装订、归档和保存工作。会计凭证的保管主要有下列要求。

第一，会计凭证应定期装订成册，防止散失。会计凭证的装订要求是：每月记账完毕，要将本月的记账凭证按类别及编号顺序整理，检查有无缺号、附件是否齐全，然后加上封面和封底，装订成册，装订时要按凭证封面大小折叠整齐。

第二，从外单位取得的原始凭证遗失时，应取得原签发单位盖有公章的证明，并注明原始凭证的号码、金额、内容等，由经办单位会计机构负责人、会计主管人员和单位负责人批准后，才能代作原始凭证。若确实无法取得证明的，如车票丢失，则应由当事人写明详细情况，由经办单位会计机构负责人、会计主管人员和单位负责人批准后，代作原始凭证。

第三，会计凭证封面应注明单位名称、凭证种类、凭证张数、起止号数、年度、月份、会计主管人员、装订人员等有关事项，会计主管人员和保管人员应在封面上签章。

第四，会计凭证应加贴封条，防止抽换凭证。装订人应在装订线封签处签名或盖章。

第五，原始凭证不得外借。其他单位如有特殊原因确实需要使用时，经本单位会计机构负责人、会计主管人员批准，可以复制。向外单位提供的原始凭证复制件，应在专设的登记簿上登记，并由提供人员和收取人员共同签名盖章。

第六，原始凭证较多时，可单独装订，但应在凭证封面注明所属记账凭证的日期、编号和种类，同时在所属的记账凭证上应注明“附件另订”及原始凭证的名称和编号，以便查阅。每年装订成册的会计凭证，在年度终了时可暂由单位会计机构保管一年，期满后应当移交本单位档案机构统一保管，未设立档案机构的，应当在会计机构内部指定专人保管。出纳人员不得兼管会计档案。

第七，严格遵守会计凭证的保管期限要求，期满前不得任意销毁。

第二节　登记账簿

一、登记账簿的含义及分类

（一）登记账簿的含义

虽然会计凭证对企业日常发生的经济业务做了初始反映和监督，但是，由于会计凭证的种类和数量较多，而且又很分散，且每张会计凭证一般只反映企业在某一时间所发生的某一项或某一类经济业务的发生情况，只能提供某一时点的动态经济指标，即发生额，不能据以对企业单位在某一时期内的经济业务进行分类和系统的反映和监督。因此，在填制和审核会计凭证的基础上，还必须设置和登记会计账簿。

会计账簿简称账簿，是以经过审核的会计凭证为依据，由一定格式的账页组成的，全面、系统、连续地记录各项经济业务的簿籍。

登记账簿是会计核算的一种专门方法，是连接会计凭证与会计报表的中间环节，起着重要的承上启下的作用。通过账簿的登记，可以对会计信息进行分类、汇总、记载、储存，并可以检查、校正会计信息的准确性，从而确保提供的会计信息真实完整。

需要说明的是，账簿与账户有着十分密切的联系。账户是根据会计科目开设的，账户存在于账簿之中，账簿中的每一账页就是账户的存在形式和载体，没有账簿，账户就无法存在；然而，账簿只是一个外在形式，账户才是它的真实内容。也可以说，账簿是由若干账页组成的一个整体，而开设于账页上的账户则是这个整体中的个别组成部分，所以账簿和账户的关系是形式和内容的关系。

（二）会计账簿的分类

1. 按用途分类

账簿按其用途的不同，分为序时账簿、分类账簿和备查账簿三类。

第一，序时账簿也称日记账，是按照经济业务发生时间或完成时间的先后顺序逐日逐笔进行登记的账簿。序时账簿按其记录内容不同，可分为现金日记账和银行存款日记账。

第二，分类账簿简称分类账，是对发生的全部经济业务按照会计要素的具体类别而设置的分类账户进行登记的账簿。按照总分类账户分类登记经济业务的是总分类账簿，简称总账。按照明细分类账户分类登记经济业务的是明细分类账簿，简称明细账。总分类账提供总括的会计信息，明细分类账提供详细的会计信息，两者相辅相成，互为补充。

分类账簿可以分别反映和监督各项资产、负债、所有者权益、收入、费用和利润的增减情况及其结果。分类账簿提供的核算信息是编制会计报表的主要依据。

第三，备查账簿是对某些在序时账簿和分类账簿等主要账簿中都不予登记或登记不详细的经济业务进行补充登记的账簿。如临时租入固定资产备查账、应收票据备查账等。

备查账簿与序时账簿、分类账簿相比，存在两点不同：一是登记依据可能不需要记账凭证，甚至不需要一般意义上的原始凭证；二是账簿的格式和登记方法不同，备查账簿的主要栏目不记录金额，它更注重用文字来表述某项经济业务的发生情况。

2. 按账页格式分类

账簿按账页格式不同，可分为两栏式账簿、三栏式账簿、多栏式账簿和数量金额式账簿四种。

第一，两栏式账簿是指只有借方和贷方两个基本金额栏目的账簿。

第二，三栏式账簿是指有借方、贷方和余额（收入、支出、余额）三个基本金额栏目的账簿。一般适用于总账、现金日记账、银行存款日记账、反映债权债务的明细账等。

第三，多栏式账簿是指在账簿的借方栏或贷方栏下按需要分设若干专栏的账簿。专栏设在借方，还是设在贷方，或是两方同时设专栏，设多少专栏，则根据企业需要确定。一般适用于收入、费用类的明细账。如管理费用明细账、生产成本明细账、制造费用明细账等。

第四，数量金额式账簿是指账簿的借方、贷方和余额三个栏目内，都分别设置数量栏、单价栏和金额栏的账簿。一般适用于具有实物形态资产的明细账。如原材料明细账、库存商品明细账等。

3. 按外形特征分类

账簿按外形特征的不同，可分为订本账、活页账和卡片账三种。

第一，订本账是指在启用前就把一定数量的账页固定装订成册，并对账页进行了连续编号的账簿。订本账的优点是能避免账页散失，防止抽换账页，确保账簿资料的完整；缺点是不能准确地为各账户预留账页，预留太多，造成浪费，预留太少，影响连续登记。

总账、现金日记账、银行存款日记账必须采用订本账。

第二，活页账是指账簿登记完毕前并不固定装订在一起，而是装在活页账夹中，根据需要随时增减账页的账簿。当账簿登记完毕之后（通常是年末），才将账页予以装订，加具封面，并给各账页连续编号。活页账的优点是记账时可根据实际需要，随时将空白账页装入账簿，或抽出不需用的账页，也便于分工记账；其缺点是如果管理不善，可能会造成账页散失或故意抽换账页。各种明细账多采用活页账。

第三，卡片账是指将账户所需格式印刷在硬卡上的账簿。卡片不用装订成册，通常装在卡片箱内。使用时必须顺序编号，有专人保管。一般情况下，固定资产明细账采用卡片账。

二、登记账簿的规则

（一）账簿的内容

在实际工作中，账簿的格式是多种多样的，不同格式账簿所包括的具体内容也不尽相同。但各类账簿都应具备以下基本内容。

1. 封面

主要标明账簿的名称，如总分类账、明细分类账、日记账等，一般还应标明记账单位名称。

2. 扉页

主要列明账簿启用时间和经管人员一览表（主要指订本账、活页账和卡片式账在装订成册后填列此一览表）。

3. 账页

账页是账簿的主要内容，是用来记录具体交易或事项的载体。其基本内容包括：①账户名；②日期栏；③凭证种类和号数栏；④摘要栏；⑤金额栏；⑥总页数和分页数。

（二）登记账簿的规则

1. 认真审核会计凭证

会计人员在登账之前必须对会计凭证的内容进行审核，只有经过审核无误的会计凭证才能作为登记账簿的依据。

2. 各项内容填列齐全

登账时，要将账页上的日期、摘要、金额等有关资料填写齐全，做到数字准确、摘要清楚、登记及时、字迹工整。

3. 做好登账标识

每一笔交易、事项在账簿中登记完毕后，要在所依据的记账凭证上签名或盖章，并做出记账标识，表明交易或事项已经记账，防止重复登记。

4. 登账用笔要求

登账必须使用蓝黑或者碳素墨水书写，不得使用铅笔或圆珠笔书写。红色墨水只允许在特殊情况下使用。

提示：在账簿登记中，红字表示减少数，一般不能随便使用。下列情况下方可使用红字：

①根据用红字编制的记账凭证在账页上冲销错账；

②在不设借方（贷方）等栏的多栏式账页中登记减少数；

③在三栏式账页的余额栏前，如未印明余额方向，在余额栏登记负数余额；

④根据国家统一会计制度的规定可以用红字登记的其他会计记录。

5. 书写适当留格

账簿上记录的文字必须清晰，数字必须规范。在书写文字、数字时，不要占满格，要紧贴本行底线，一般占行高的1/2，即上方要适当留有空距，以便于发生错误时，为画线更正留有余地。

6. 账页连续登记

登账时必须按照编定的页次连续登记，不得跳行、隔页。若不慎出现跳行、隔页，要画斜线注销，或者注明“此行空白”“此页空白”字样，并由记账人员在空白处签名或盖章。

7. 结出余额，标明方向

凡需结出余额的账户，结出余额后，应在“借或贷”栏内注明“借”或“贷”字样，没有余额的账户，在“借或贷”栏内写“平”字，并在余额栏的“元”位上用“0”表示。

8. 账页结转，过次承前

在每一账页的最后一行，应结出本页发生额合计数及余额，并在摘要栏内注明“过次页”；然后将此发生额合计数及余额填写在次页的第一行，并在摘要栏内注明“承前页”。

9. 不得涂改、挖补、刮擦

由于记账而发生的错误，不得随意涂改，更不能挖补、刮擦，要用正确的方法按照规定的手续进行错账更正。

三、登记账簿的方法

（一）日记账的格式及登记方法

本节我们重点以现金日记账为例，讲述三栏式现金日记账和多栏式现金日记账的格式及登记方法。

1. 三栏式现金日记账的格式及登记方法

现金日记账由出纳人员根据现金收付款记账凭证，按时间顺序逐日逐笔进行登记，逐日结出现金余额，并与库存现金实存数核对，以检查账实是否相符，做到日清日结。

（1）格式

三栏式现金日记账设有借方、贷方和余额三个金额栏，也可将其称为收入、支出和结余栏。

（2）登记方法

日期：与记账凭证日期一致，记账凭证的日期要与现金实际收付日期一致。

凭证编号：据以入账的凭证种类及编号。

摘要：简要说明交易或事项的内容。

收入（借方）：根据现金收款凭证中的合计金额填写。

支出（贷方）：根据现金付款凭证中的合计金额填写。

结余（余额）：是指现金收、支后及时结出的余额。

2. 多栏式现金日记账的格式及登记方法

（1）格式

多栏式日记账是在三栏式日记账的基础上发展起来的。这种日记账是在借方、贷方两个金额栏内都按对方科目设专栏。这种格式的日记账，在月末结账时可以结出各专栏用途的合计数，便于对收支的合理合法性进行分析审核。但如果借、贷两方对应的科目太多，会造成账页过长，不利于记账，也不利于保管。因此，在实际工作中，一般分设成“现金支出日记账”和“现金收入日记账”。

（2）登记方法

首先，根据有关现金收入业务的记账凭证登记现金收入日记账（日期、摘要、凭证编号等栏的登记方法同上，不再赘述）；其次，根据有关现金支出业务的记账凭证，登记现金支出日记账；最后，在每日营业终了前，根据现金支出日记账结计的支出合计数，一笔转入现金收入日记账的“支出合计”栏中，并结出当日余额。

需要指出的是，银行存款日记账的格式与现金日记账的格式基本相同，可以采用三栏式或多栏式。但不管采用哪种格式，都应在适当位置增加一栏“结算凭证”，用于记账时标明每笔业务的结算凭证及编号，便于与银行核对账目。其登记方法与现金日记账的登记方法基本相同，在此不再赘述。

（二）分类账的格式及登记方法

1. 总分类账的格式及登记方法

总分类账必须采用订本账，最常用的格式为三栏式，即设置借方、贷方和余额三个基本金额栏目。

总分类账的登记方法一般取决于单位所采用的账务处理程序（账务处理程序我们将在第十一章予以详细介绍）。它既可以根据记账凭证逐笔登记，也可以根据科目汇总表或汇总记账凭证等登记。

2. 明细分类账的格式及登记方法

明细分类账一般采用活页账，其格式有三栏式、多栏式和数量金额式等多种。

（1）三栏式明细分类账的格式及登记方法

①格式。

三栏式明细账与三栏式总账格式相同，即设有借方、贷方和余额三个金额栏目，适于只进行金额核算的账户。如“应收账款”“应付账款”等往来结算明细账户，都采用此格式。

②登记方法。

三栏式明细账是根据审核无误的记账凭证或原始凭证，按交易或事项的先后顺序逐笔进行登记的。具体如下：

日期、凭证编号、摘要：按照记账凭证进行登记。

借方：根据记账凭证中的借方金额登记。

贷方：根据记账凭证中的贷方金额登记。

余额：计算填列。

（2）多栏式明细账的格式及登记方法

①格式。

多栏式明细账是根据需要，将借方或贷方金额栏按照明细项目分设若干个专栏。因此，多栏式明细账又分为借方多栏式、贷方多栏式和借贷方多栏式三种格式。如“生产成本”“管理费用”“制造费用”等成本、费用账户，多采用借方多栏的格式，收入类账户多采用贷方多栏的格式。

②登记方法。

多栏式明细账是根据审核无误的记账凭证或原始凭证逐笔登记的，平时在借方登记费用成本的发生额，月末贷方登记将借方发生额一次转出的数额。

在实际工作中，由于成本费用类科目的明细账贷方发生额较少，也可以采用不设贷方栏的格式。采用这种格式的明细账时，需要在借方用红字登记贷方发生额。

（3）数量金额式明细账的格式及登记方法

①格式。

该类明细账在其借方（收入）、贷方（发出）和余额（结存）都分别设有数量、单价和金额三个专栏，适用于既要进行金额核算又要进行数量核算的账户，如“原材料”“库存商品”“周转材料”等存货账户，均采用此格式。

②登记方法。数量金额式明细账是根据审核无误的记账凭证、原始凭证、汇总原始凭证等，按交易或事项发生的时间顺序逐笔进行登记。具体方法如下。

日期、凭证编号、摘要，登记方法同前面所述。

收入栏中，数量根据入库数量填列，单价根据计算的单位成本填列，金额根据“数量×单价”计算填列。发出栏中，数量根据出库数量填列，单价根据不同的方法计算填列，可采用先进先出法、加权平均法等方法，金额根据“数量×单价”计算填列。结存栏中，数量、单价、金额需计算填列。

（三）备查账的格式及登记方法

备查账又称“辅助账”，是对日记账和分类账等主要账簿中不能记载或记载不全的交易或事项进行补充登记的账簿。它为企业的经营管理者提供必要的参考资料。备查账一般没有固定的格式，由各单位根据管理需要设计相应的项目和内容。

四、对账和结账

（一）对账

对账，即核对账目，是指为了保证账簿所提供的会计资料正确、真实、可靠，按照一定的方法和手续对账簿记录进行核对、检查的工作。对账主要包括三方面的内容：账证核对、账账核对和账实核对。

1. 账证核对

账证核对是对账工作的第一步。它是将账簿的各项记录与有关的原始凭证和记账凭证进行核对，核对内容：时间、凭证字号、内容、金额是否一致，记账方向是否相符。

2. 账账核对

账账核对就是核对存在对应关系的有关账簿之间所做的记录是否相符。一般来说，账账核对包括以下几个方面。

（1）总账与总账核对核对内容：

总账全部账户借方发生额的合计数=总账全部账户贷方发生额的合计数

总账全部账户借方余额的合计数=总账全部账户贷方余额的合计数

（2）总账与所属明细账核对核对内容：

总账的借方发生额=所属全部明细账的借方发生额合计

总账的贷方发生额=所属全部明细账的贷方发生额合计

总账余额=所属全部明细账的余额合计

（3）银行存款、库存现金的总账与日记账核对核对内容：

总账余额=日记账余额

（4）财会部门财产物资账与实物保管部门账核对核对内容：

记录相符

3. 账实核对

账实核对是指各项财产物资、债权债务等账面余额与实有数额之间的核对。其具体包括：

第一，现金日记账账面余额与库存现金实有数额是否相符；

第二，银行存款日记账账面余额与银行对账单余额是否相符；

第三，各项财产物资明细账账面余额与财产物资实有数是否相符；

第四，有关债权债务明细账账面余额与对方单位的账面记录是否相符。

（二）错账更正

在对账过程中，有可能会发现各种各样的错误，如记账凭证汇总表不平、各明细账户的余额之和不等于总账有关账户的余额、银行存款账户调整后的余额与银行对账单不符等。发生这些差错的原因很多，诸如重记、漏记、数字颠倒、数字错位、数字记错、科目记错、借贷方向记反、计算错误等。

会计人员发现账簿记录发生错误时，不准涂改、挖补、刮擦或者用药水消除字迹，不准重新抄写，必须按照规定的方法进行更正。更正错账的方法有三种，即画线更正法、红字更正法和补充登记法。

1. 画线更正法

画线更正法是指记账凭证正确，账簿记录中的文字或数字书写错误的一种更正方法。更正时，在错误的文字或全部数字正中画一道红线表示注销，然后在错误数字或文字上方写上正确的数字或文字，并由经办人员在更正处加盖印章，以示负责。画线时必须保持画去的数字或文字清晰可辨，不能涂抹。对于错误的数字应当将数字全部画红线更正，不得只更正其中的错误数码。对于文字错误，可只画去错误的部分。例如，某职工报销差旅费9 800元，编制的记账凭证为：借记“管理费用”9 800元，贷记“其他应收款”9 800元。记账人员在登记管理费用明细账时误记为8 900元。对于此项账簿记录中的错误，应在错误处“8 900”正中画红线，并在上方用蓝字书写正确的金额“9 800”。不能只画去8 9后进行更正。

若应记借方，记账时误记在贷方，可将已记的贷方金额画红线，直接在同一行的借方栏登记正确的金额。同理，若应记贷方，记账时误记在借方，可将已记的借方金额画红线，直接在同一行的贷方栏登记正确的金额。

2. 红字更正法

红字更正法，也称红字冲销法，是指记账凭证编制错误导致账簿记录错误的一种更正方法。

记账凭证编制错误导致的账簿记录错误包括记账凭证中应借、应贷的会计科目发生错误导致的账簿记录错误和记账凭证中应借、应贷的会计科目正确，但金额多记导致的账簿记录错误。

第一，记账后，发现记账凭证中应借、应贷会计科目发生错误，并已登记入账，采用红字更正法更正时，应先用红字填写一张与原错误凭证内容完全相同的记账凭证，并据以用红字登记入账，以冲销原错误的记录。然后再用蓝字填制一张正确的记账凭证，据以登记入账。例如某企业基本生产车间为制造甲产品领用材料 17 000 元。填制的记账凭证如下，并据以已登记入账。

借：制造费用 17 000

  贷：原材料 17 000

生产产品领用的原材料应计入该产品的生产成本账户，不应计入制造费用账户，可见此项错误为记账凭证应用了错误的会计科目而导致的账簿记录错误，应采用红字更正法予以更正。更正时，应先填制红字记账凭证，并登记入账，冲销原错误记录。然后，再填制蓝字记账凭证，并登记入账。

红字记账凭证：

借：制造费用 17 000

  贷：原材料 17 000

蓝字记账凭证：

借：生产成本 17 000

  贷：原材料 17 000

需要说明的是，红字记账凭证只是金额用红字书写，其他项目仍用蓝字书写。根据红字记账凭证登记账簿时，金额需用红字登记。红字凭证的摘要为“冲××号凭证金额”。

第二，记账后，发现记账凭证中应借、应贷会计科目正确，但金额多记，并已登记入账，采用红字更正法时，按多记金额用红字填制一张记账凭证，并登记入账，据以冲销原多记金额。例如某企业收到外单位欠货款 2 000 元，存入银行。填制的记账凭证如下，并已登记入账。

借：银行存款 20 000

贷：应收账款 20 000

此项经济业务的记账凭证中应用的会计科目是正确的，但金额多记了 18 000 元，应采用红字更正法予以更正。更正时，用红字填制金额为 18 000 元的记账凭证，并登记入账，冲销原多记金额。

借：银行存款 18 000

贷：应收账款 18 000

3. 补充登记法

补充登记法是指记账凭证中的应借、应贷会计科目正确，但金额少记导致账簿记录错误的一种更正方法。更正时，按少记金额另行填制一张记账凭证，并据以登记入账，补充登记少记的金额。该凭证摘要为“补××凭证金额”。例如某企业基本生产车间完工甲产品，验收入库，成本为 95 480 元，填制如下记账凭证，并已登记入账。

借：库存商品 94 580

贷：生产成本 94 580

此项经济业务编制的记账凭证应用的会计科目是正确的，但金额少记了 900 元，应采用补充登记法予以更正。更正时，按少记金额 900 元补填一张如下记账凭证，并据以登记入账。

借：库存商品 900

贷：生产成本 900

（三）结账

结账，是指在一定时期内所发生的全部交易或事项已登记入账的基础上，将各类账簿记录完毕，结出各种账簿本期发生额合计和期末余额的一项会计核算工作。

1. 结账的程序

第一，在结账前，应将当期所发生的交易或事项全部登记入账，检查是否有重复记录、遗漏记录的交易或事项，是否有记录错误，以便在结账前及时更正。

第二，在结账前，应按照权责发生制原则及时调整需进行期末调整的账项，编制有关会计分录，并据以登记入账。

第三，将损益类账户转入“本年利润”账户。

第四，结出资产、负债和所有者权益类账户的本期发生额和余额，结转下期。

2. 结账方法

结账可分为月度结账（月结）、季度结账（季结）、年度结账（年结）。

（1）月结的方法

对于现金日记账、银行存款日记账和需要按月结计发生额的收入、费用等明细账，每月结账时，要在最后一笔经济业务的记载下面画一条通栏红线，在红线下面的一行“摘要”栏内注明“本月合计”或“本期发生额及期末余额”，在“借方”“贷方”“余额”三栏分别计算出本月借方发生额合计、贷方发生额合计和结余数，然后在此行下面再画一条通栏红线，表明本期结算完毕。

（2）季结的方法

与月结相比，只需在每季度末的月结后，在“摘要”栏注明“本季度累计”或“本季度发生额及余额”，在“借方”“贷方”“余额”三栏分别计算出本季度的借方、贷方发生额合计数及季末余额，然后在此行下面画一条通栏红线，表明季度结账完毕。

（3）年结的方法

年度终了结账时，要在“摘要”栏注明“本年累计”，在“借方”“贷方”“余额”三栏，分别填入本年度借方发生额合计、贷方发生额合计和年末余额，然后在此行下面画通栏双红线，表明全年经济业务的登账工作至此全部结束，再将有余额的账户余额结转下年。

第六章 财产清查与财务报告

第一节　财产清查

一、存货的盘存制度

正确地确定财产物资的数量是进行财产物资计价与核算的前提，而财产物资期末数量的确定方法又主要取决于存货的盘存制度。在实际工作中，财产物资的盘存制度主要有两种：实地盘存制和永续盘存制。

（一）实地盘存制

实地盘存制是指企业平时对实物资产只登记增加数，不登记减少数，期末结账时，通过实地盘存，确定财产物资的实存数，再倒推算出实物资产的减少数，并据此登记入账的方法。期末倒推本期减少数的公式为：

本期减少数=期初结存数+本期增加数−期末盘点结存数

1. 实地盘存制的优点

实地盘存制的优点在于简化了会计核算工作。在实地盘存制度下，由于平时对实物资产减少不做明细记录，也不计算财产物资结存数，使实物资产明细核算工作量大大减少。

2. 实地盘存制的缺点

实地盘存制的缺点是不便于实物资产的管理，具体表现如下。

第一，这种办法的所谓账存数实际上也就是实存数，因而它们之间无法控制和相互核对。

第二，实地盘存制不能随时反映库存财产物资的收入、发出、结存动态。

第三，由于以存计耗或以存计销，倒算耗用成本或销售成本，这就把非耗用或非销售的存货损耗，如差错事故和短缺等，全部算入耗用或销售成本之中，从而削弱了对存货的控制作用，也影响了成本计算的正确性。

第四，只能定期结转耗用成本或销售成本，而不能随时结转，影响了成本计算的及时性，也不便于成本控制。

由于实地盘存制存在上述缺点，所以，这种方法往往只适用一些价值低、品种杂、交易频繁的财产物资和一些损耗大、数量不稳定的鲜活商品。即使采用了实地盘存制，也还应采取相应的其他管理措施。

（二）永续盘存制

永续盘存制亦称账面盘存制，它是按照各项财产物资的增加数和减少数来确定存货期末数量的盘存核算方法。

1. 永续盘存制的优点

永续盘存制的优点主要表现在以下两个方面：

第一，永续盘存制的核算手续严密，可以随时反映存货的增减变动与结存情况，有利于加强存货的管理，为正确计算耗用和销售成本提供保证。

第二，通过存货账面结存数量与实地盘点数量的核对，还可以及时发现和解决存货短缺毁损等现象，有利于保护企业财产物资的安全完整，所以被各企业广泛采用。

2. 永续盘存制的缺点

尽管永续盘存制有上述优点，但也有以下不足：

第一，采用永续盘存制，有时也会发生账实不符的情况，所以有必要对各项财产物资开设明细分类账户，进行清查盘点，便于加强对各项财产物资的管理。

第二，对于存货品种繁多、收发业务频繁的企业，若采用这种方法，工作量较大。

二、财产清查概述

（一）财产清查的概念

所谓财产清查，是指通过对现金、实物的实地盘点和对银行存款、往来账款的核对，从而确定各财产物资和往来账项的实有数，并查明账存数和实有数是否相符的一种专门方法。财产清查是会计核算方法体系中的一个有机组成部分。

会计核算的任务之一，就是要反映和监督财产物资的保管和使用情况，从而保护企业各项财产物资的完整和安全，并提高其使用效益。企业财产物资的表现形态有原材料、在建产品、库存商品、固定资产等实物形态，现金、银行存款等各项货币资金形态，还有应收账款、其他应收款等结算资金形态。每一家企业单位都应该通过账簿记录来完整揭示各项财产物资的增减变化和结存情况。为了确保账簿记录的真实可靠，企业还要加强会计凭证的日常审核，并且定期核对账簿记录，从而做到账证相符、账实相符。

在实际工作中，因为各种主观原因和客观原因的存在，各项财产的账存数和实存数通常会发生差异，而造成这种差异的原因是多方面的，有正常原因，也有非正常原因；有些是可以避免的，有些是不可能完全避免的。

造成账实不符的正常原因有如下几个方面。

第一，由于企业和银行的收付款项入账时间不同而形成未达账项，使得银行存款数额账实不符。

第二，财产在保管过程中，由于发生物理和化学变化从而引起财产物资在数量上的自然损耗、自然溢余或质量上的变化。比如有些财产物资在保管过程中受气候的干湿冷热影响，会发生自然损耗或升溢，如汽油的自然挥发、油漆的干耗等造成的数量短缺；有些财产物资在加工时，由于机械操作、切割等工艺技术原因，会造成一些数量短缺。

造成账实不符的非正常原因如下。

①保管不善。有些财产物资由于保管时间过久、保管条件不善或保管人员失职等，引起残损、霉变、短缺、过时、价值降低等。

②收发差错。企业在收发财产时，由于计量、检验不准，造成品种、数量或质量上的差错。如散装材料的收发由于计量上发生磅差造成短缺或溢余，再如同类材料在收发中规格搞错，应发放甲类 A 规格材料却发放了甲类 B 规格材料等。

③记账错误。这是指对于有些财产物资，因手续不全、凭证不全，或登账时漏登账、重复登账或登错账等引起的差错。

④贪污盗窃。由于不法分子的营私舞弊、贪污盗窃等非法行为而产生的财产损失，为了保证会计资料的真实正确，正确掌握各项财产的真实情况，为企业会计信息使用者提供有用的信息资料，各企业、行政事业单位一定要通过财产清查这一行之有效的会计核算方法，对每项财产物资进行日常或定期的清查，确定财产的实有数，并和账簿记录进行核对，将账面数调整为实际数，做到账实相符。

（二）财产清查的意义

财产清查对于会计工作而言具有十分重要的作用，其重大意义主要表现在以下几个方面。

1. 健全财产物资的管理制度

尽管造成账实不符的因素很多，但最主要的还是企业或单位自身的原因。一家企业或单位常常出现账实不符，这很可能是管理不善的一个重要信号。财产清查可以及时发现管理上存在的问题和漏洞，从而促使企业或单位不断发现问题、解决问题，循环往复，日积月累，一套比较完善的财产管理制度就形成了。通过对债权债务的清查，可以及时发现不良资产并进行处理，促进企业合理使用资金，加速资金周转。资金只有运动才能产生效益。一个建立在资金良性循环基础上的企业，其抵制风险、适应环境、发展壮大的能力往往会较强。

2. 确保财务信息的真实性和可靠性

这是进行财产清查的最基本目标。通过财产清查，逐项账实核对后，查明是否相符以及产生差异的原因，并及时进行账存调整，最终使账实相符，消除差异，为编制较客观真实的财务报表做准备。

3. 利于挖掘财产物资的潜力

通过财产清查，可以查明各项财产物资的储备和利用情况，以做到及时补充、及时处理，避免损失浪费，确保生产的需要，提高经济效益。

4. 促使企业改善经营管理

通过财产清查，可以发现，如财产物资的积压浪费、毁损短缺、发出商品的拒收拒付等问题，经过分析原因，可促使企业改进管理方法，提高管理水平，增强企业竞争力。

5. 促进企业遵守财经纪律和结算制度

通过财产清查，可以查明各单位往来款项的结算是否符合财经纪律和结算制度，有无违法的债权债务，以便做到及时纠正，促进企业自觉遵守财经纪律和各项制度。

三、财产清查的基本方法

（一）财产清查前的准备

财产清查是一项十分复杂而又细致的工作，其内容工作量大、涉及面广，在财产清查之前要做好充分的准备，这种准备包括业务上和组织上的准备工作。

1. 业务上的准备

为做好财产清查工作，会计部门和有关部门要主动配合，做好以下准备工作。

第一，会计部门应在进行财产清查之前，将有关账簿登记齐全，结出余额，核对清楚，做到会计资料完整，计算准确，做好账簿准备，为账实核对提供正确可靠的依据。

第二，财产清查保管部门和使用部门等应登记好其负责的各种财产物资明细账，把所有经济业务全部登记入账并结出余额；将所保管和使用的财产物资整理好，挂上标签，标明品种、规格和结存数量，以便盘点核对。

第三，准备好各种计量器具和有关清查登记的表册，如实存账存对比表、盘存表、未达账项登记表。

第四，银行存款和结算款项的清查，应做好对账单的取得等准备工作。

2. 组织上的准备

财产清查尤其是全面清查，必须成立清查组织。清查组织应在总会计师及有关主管厂长（经理）的领导下，成立由财会部门牵头，由设备、技术、生产、行政及各有关部门参加的财产清查领导小组，具体负责财产清查的领导和组织工作。该领导小组的主要任务如下。

第一，在财产清查前，根据管理制度或有关部门的要求拟定财产清查工作的详细计划，如确定财产清查对象和范围，安排财产清查工作进度，配备财产清查人员等。

第二，在财产清查过程中，做好具体组织、检查和督促工作，掌握工作进度，及时研究处理财产清查工作中出现的问题。

第三，在财产清查工作结束后，及时总结并将清查结果及其处理意见和建议形成书面报告，报董事会或厂长（经理）办公会或其他类似权力机构批准后执行。

（二）财产清查的方法

1. 实物资产的清查

不同品种的实物资产，因其体积、形态、重量和存放方式的不同而有不同的清查方法，通常有技术推算法盘点和实地盘点两种方法。

第一，技术推算法盘点是指利用技术的方法对实物资产的实存数量进行推算的方法。此法适用那些量大成堆、难于逐一清点数量的实物资产，如对大量成堆的燃料像煤、生铁、矿石等都可以用技术推算的方法来确定实物数量。

第二，实地盘点是指对各项实物资产通过逐一点数或用计量仪器来确定其实存数量的方法，适用可以逐一点数或用度量衡器具准确计量的财产物资及包装完好的大件材料、库存商品等。此法适用范围广，要求严格，清查质量高，但工作量大。

实物清查通常按下列步骤进行。

（1）对实物资产进行技术推算或实地盘点

按照清查工作计划，在规定的日期由指定的清查小组人员对实物资产进行技术推算或实地盘点。盘点时一定要注意须逐一盘点，先查明各种实物资产的名称、规格，再盘点数量。对有些物资，在清查数量的同时，还要查看实物的完好性，并通过一定的技术方法来检查其质量是否发生变化，如发现损坏、变质、不成套等，要在备注中予以说明。为了明确经济责任，在清查时，实物保管人员必须在场。盘点结束后，清查人员要将盘点所确定的实物资产数量登记入盘存单，并且盘点人员和实物保管人员必须签章，以明确经济责任，并作为财产清查的原始记录。

要注意的是，在实物清查时，对于本企业委托外单位代为加工、保管的材料以及在途材料等，可以采用询证等方法与有关单位进行核对，查明账实是否相符。此外还须注意，本企业代管其他企业的财产物资不能混到本企业财产的盘存单上去，而应该单独列示，这些财产物资已于经济业务发生时记录在备查账簿上。

（2）填制“实存账存对比表”

清查人员要把“盘存单”与账簿记录逐项核对，发现实物资产盘盈、盘亏，都要逐笔记入实存账存对比表。实存账存对比表是财产清查的重要报表，不仅是分析发生差异原因和明确经济责任的依据，而且是调整账簿记录的原始凭证。

（3）签字上报

对盘盈、盘亏的实物资产，应查明原因，经主管人员复核并签署意见，报经有关部门审批。

2. 货币资金的清查方法

（1）现金的清查

现金的清查通常是通过实地盘点法确定库存现金的实存数，然后再与现金日记账的账面余额核对，以查明溢余或短缺情况。为了明确经济责任，在进行现金清查时，出纳人员一定要在场。在清查过程中不能用不具备法律效力的收据、借条等抵充库存现金。现金盘点以后，要根据盘点的结果及时与现金日记账核对，同时填制现金盘点报告表。现金盘点报告表是重要的原始凭证，它不仅具有“盘存单”的作用，还具有“实存账存对比表”

现的差异，会计上一定要按照规定进行账务处理。

1. 账户设置

为了反映和监督各单位在财产清查过程中查明的各种财产物资的盘盈、盘亏、毁损和处理情况，需要设置“待处理财产损溢”账户。此账户属于资产类账户。发生的待处理财产盘亏和毁损数及批准转销的待处理财产盘盈数记入借方，发生的待处理财产盘盈数及批准转销的待处理财产盘亏和毁损数记入贷方，借方余额表示还未批准处理的盘亏和毁损数大于盘盈数的差额，贷方余额表示还未批准处理的盘盈数大于盘亏和毁损数的差额。该账户可按盘盈、盘亏的资产种类和项目进行明细核算。对于企业的财产损溢，要查明原因，在期末结账前处理完毕，处理后该账户应该没有余额。

2. 库存现金清查结果的处理

企业平时若发现现金短款或长款，除要设法查明原因外，还要及时进行账务处理，其核算也是通过“待处理财产损溢——待处理流动资产损溢”账户核算，按短款或长款的金额进行登记，等到查明原因报经领导批准后再转账。若是因单据丢失或记账产生了差错，就应该补办手续入账或更正错误；若是出纳人员工作失职造成的，则要追究其经济责任。

当发现现金短款时，在批准处理之前，调整账面结存数，根据有关原始凭证，编制如下会计分录：

借：待处理财产损溢——待处理流动资产损溢

　　贷：库存现金

短缺的现金如属于出纳人员的责任，应当由出纳人员赔偿，根据批准处理意见和有关原始凭证，编制如下会计分录：

借：其他应收款——出纳人员

　　贷：待处理财产损溢——待处理流动资产损溢

当发现现金长款时，在批准处理之前，调整账面结存数，根据有关原始凭证，编制如下会计分录：

借：库存现金

　　贷：待处理财产损溢——待处理流动资产损溢

溢余的现金如果查不出原因，经批准作为营业外收入处理，根据批准处理意见和有关原始凭证，编制如下会计分录：

借：待处理财产损溢——待处理流动资产损溢

　　贷：营业外收入

3. 存货清查结果的账务处理

当出现存货的账实不符时，要根据不同的情况做出不同的处理。

（1）盘亏

发生盘亏的存货，查明原因前要先结转到“待处理财产损溢”账户；批准后按照不同的原因，区分情况进行账务处理，转入有关账户。

第一，正常损失，批准后转作管理费用，借记“管理费用”账户，贷记“待处理财产损溢”账户。

第二，非正常损失，能确定过失人的，要由过失人负责赔偿；属于自然灾害等不可抗力因素导致的非正常损失，在扣除保险公司赔款和残值收入后，经批准计入“营业外支出”账户的借方和“待处理财产损溢”账户的贷方。

（2）盘盈

发生盘盈的存货，应该要借记有关存货账户，贷记“待处理财产损溢”账户。经有关部门批准后，冲减管理费用，借记“待处理财产损溢”账户，贷记“管理费用”账户。

4. 往来款项清查结果的处理

在财产清查的过程中，如果发现有长期不清的往来款项，要及时进行处理。因对方单位撤销等原因造成确实收不回的应收款项，确认为坏账损失，经批准要转销。坏账损失的转销在批准前不做账务处理，即不用通过“待处理财产损溢”账户进行核算，按规定的程序批准后，计入管理费用（采用备抵法核算的企业计入坏账准备），根据有关原始凭证，编制如下会计分录：

借：管理费用（坏账准备）

　　贷：应收账款（其他应收款）

对于长期无法支付的应付账款，经查证落实后，对方单位已不复存在的，可根据规定程序经批准后，直接转入“营业外收入”账户，根据有关原始凭证，编制如下会计分录：

借：应付账款

　　贷：营业外收入

5. 固定资产清查结果的账务处理

对于固定资产，要针对不同的情况做出不同的处理。

（1）盘亏

对于盘亏的固定资产，常见的处理方法是：由于责任人事故所导致的固定资产毁损，应由责任人赔偿相关损失，借记“其他应收款”账户，同时按盘亏的固定资产的净值，贷记“待处理财产损溢”账户；由于自然灾害等不可抗力因素所导致的固定资产损失净额，在扣除保险公司赔偿款和残值收入后，经批准应借记“营业外支出”账户。

（2）盘盈

对于盘盈的固定资产，经查明如确属企业所有，经有关部门核准后编制记账凭证，按重置价值和估计已经提取的折旧额入账。

第二节　财务报告

一、财务报告概述

（一）财务报告的概念

所谓财务报告，是根据经济组织日常的会计账簿记录和其他核算资料编制的，综合全面地反映会计主体在一定时期的财务状况和经营成果的总括性书面文件，同时也是企业对外披露会计信息最重要的手段。

定期编制财务报告既是会计工作的一项重要内容，也是会计核算的专门方法。在会计信息的生成与加工过程中，企业往往会把日常发生的经济事项通过记账工作分类登记在各种会计账簿中。此时，会计信息已经初步具有条理化和系统化的特征。但是这些反映在会计账簿中的信息，总的来说，还比较分散，不能概括地反映企业经营成果和经济状况的全貌，使用者不能直接有效地利用这些财务信息。所以，根据统一的财务会计制度的要求，应对账簿系统的信息进行再确认和再提炼，进一步整理、加工和综合，并结合其他日常会计核算资料，按照一定的指标体系，以报告文件的形式集中地反映出来，从而概括、系统、全面地提供会计主体有关财务状况和经营成果的会计信息。这样做，对于满足会计信息使用者的不同需要，加强企业的经济管理，有着相当重要的作用和意义。

财务报告又称财务会计报告，它与会计报表既有联系又有区别。根据美国财务会计准则委员会（FASB）的《财务会计概念公告》（SFAC），财务报告不但包括会计报表，而且包括传递直接或间接地与会计系统所提供的信息相关的各种信息，如企业的经济资源、债务、投资及盈利等方面的信息。因此，财务报告包括主要的会计报表、补充信息、利用财务报告的其他手段所披露的相关信息。会计报表是财务报告的主要部分，而补充信息和其他财务报告是会计信息使用者充分了解财务报告的必要补充。

（二）财务会计报表对于加强经济管理工作的意义

财务会计报表是提供会计信息的一种重要手段，各单位编制财务会计报表对于加强经济管理、提高经济效益具有十分重要的意义。

1. 为各单位内部的经营管理提供必要的信息资料

单位的经营管理者需要经常不断地考核、分析单位的财务状况，评价单位的经济工作，查明存在的问题及原因，总结经验，不断改进经营管理工作，提高管理水平。财务会计报表可以为经营管理者提供管理活动过程及结果的全面、完整、系统的数据资料，帮助其做好经济预测、进行经营决策，以便得出正确的结论，使单位的生产经营活动良性发展。

单位的职工、职工代表大会及工会组织，也可以通过会计报表提供的数据资料，更好地参与单位的经营管理活动，为单位的生存和发展做出更大的贡献。

2. 为投资者提供必要的会计信息资料

各单位的投资者（包括国家、个人、其他经济单位和外商等）非常关心投资报酬、投资风险和单位管理层受托责任的履行情况，在投资前需要了解单位的财务状况和经济活动情况，以便做出正确的投资决策；投资后需要了解单位的经营成果、资金使用状况以及投资报酬的情况等资料，以便进行资金去留的决策。财务会计报表可全面、系统地向投资者提供企业财务状况、经营成果和现金流量等相关的会计信息，满足其投资决策的需要。

3. 为单位的债权人提供信息资料

银行、非银行金融机构、债券购买者等是市场经济条件下各单位的重要债权人，他们需要单位提供财务状况、盈利能力、现金流量等资料，以便分析其按期还本付息的能力。商业债权人是市场经济条件下单位又一重要的债权人，他们通过供应材料、设备、提供劳务等交易成为单位的债权人，需要单位相关偿债能力的资料。财务会计报表可以为单位的各种债权人提供本单位的资金运转情况、偿债能力和支付能力等信息资料，供债权人做出信贷和赊销的决策。

4. 为财政、税务、工商等政府行政管理部门提供信息资料

各单位的财务会计报表是政府部门进行宏观经济管理的重要依据。财政、税务、工商等政府行政管理部门，通过财务会计报表检查单位资金的使用情况、成本的计算情况、税

收的计算和解缴情况、利润（亏损）的形成和分配（弥补）情况，检查单位财经纪律的遵守情况。编制财务会计报表，可以为这些部门提供必要的数据资料，便于它对单位实施管理和监督。

5. 为审计机关提供信息资料

审计机关的审计工作一般是从财务会计报表审计开始的，财务会计报表为审计工作提供详尽、全面的数据资料，并为凭证和账簿的进一步审计指明方向。

（三）会计报表的种类

会计报表是一个完整的报告体系，我们可以根据需要，按不同的标准进行分类。各种不同类型的会计报表可从不同的角度来揭示企业的经营成果、财务状况和现金流量情况等。不同性质的会计主体，因其核算的具体内容、管理的要求不同，其会计报表的种类也不相同。为了全面了解会计报表的内容和结构，掌握其编制的方法，一定要对会计报表进行科学的分类。对于企业而言，会计报表可按照不同的标准进行分类。

1. 单位报表和汇总报表

会计报表按照编制单位可分为单位报表和汇总报表。

单位报表是由独立核算的基层单位在自身会计核算基础上对账簿记录进行加工而编制的会计报表，意在反映单位本身的财务状况、经营成果和现金流量，又称为基层报表。汇总报表是由企业主管部门和上级单位根据所属单位报送的会计报表，是连同本单位会计报表汇总编制的反映本系统内全面财务状况和经营成果的综合性会计报表。

2. 月报、季报、半年报、年报

会计报表按照编制时间可以分为月报、季报、半年报和年报。

月报是反映企业在月份内经营成果和月末财务状况的会计报表。月报通常在月份结束后 6 天内编制完成，有资产负债表和利润表等。年报是反映企业年度内经营成果和年末财务状况的会计报表。年报通常在年度结束后 4 个月内编制完成，有资产负债表、利润表、现金流量表等。季报介于月报和年报之间。股份有限公司还要根据企业半年的经营情况和经营结果编制半年报。通常把月报、季报和半年报称为中期报。

3. 利润表、资产负债表、现金流量表

会计报表按照反映的经济内容可分为利润表、资产负债表和现金流量表。

利润表是反映企业在一定时期内经营成果的会计报表。资产负债表是总括反映企业在某一特定时点财务状况的会计报表。现金流量表是反映企业在一定时期内现金及现金等价物流入、流出情况的会计报表。

4. 动态报表、静态报表

会计报表根据资本周转方式不同可以分为动态报表和静态报表。

动态报表是以企业某一时期内的经营成果和经营活动情况为基础编制的会计报表，比如利润表、现金流量表等。静态报表是企业以某一时点上资产、负债和所有者权益状况为基础编制的会计报表，比如资产负债表。

5. 对内会计报表、对外会计报表

会计报表按照编制用途不同可以分为对内会计报表和对外会计报表。

对内会计报表是指企业为适应本单位内部经济管理的需要而编制的报表，比如成本报表、商品进销存日报表等。对外会计报表是指企业向与企业有利害关系的政府部门、投资者、债权人等报表使用者报送的会计报表，比如资产负债表、利润表、现金流量表等。

6. 个别会计报表、合并会计报表

会计报表按照反映的经济主体可以分为个别会计报表和合并会计报表。

个别会计报表是指每一个具有独立法律主体地位的企业所编制的会计报表，其报表内容仅包括企业本身的财务数字，合并会计报表是由母公司编制的，综合反映母公司及其子公司所形成的企业集团的财务状况、经营成果及其现金流量的会计报表。

（四）会计报表的编制要求

1. 编制财务报表的准备工作

财务报表的资料主要来源于账簿记录。为了真实客观地反映会计主体的财务状况和经营成果，在编制财务报表之前应做好以下准备工作。

（1）检查本期发生的经济业务是否全部登记入账

为了保证财务报表反映内容的完整性，只有在本期的经济业务全部记账的基础上，才能着手编制财务报表。不能为了赶编报表而提前结账，不准随意估计数字，更不能弄虚作假，篡改数字；也不能推迟结账，把不属于本期的经济业务编入本期的财务报表之中。

（2）进行账项调整

根据权责发生制的要求，对收入和费用项目要进行调整，以便使收入和费用进行恰当的配比。

（3）进行财产清查

在编制财务报表特别是年度会计报表前，企业对各种存货、固定资产和货币资产都要进行清查盘点，做到账物相符、账款相符。如果有不符，要查明原因，按照规定调整账目。

（4）清理核对账目

结账前，对于企业同其他单位之间的往来款项，企业内部的应收、暂付等往来款项，应该要进行清理核对，发现问题后要及时查明原因，并进行处理。对所发现的坏账，应按照规定转销。

（5）按时结账，进行试算平衡

在全部经济业务已经入账且相关账项调整结束之后，企业都应该按时结账，进行试算平衡，之后才可以编制财务报表。

2. 会计报表的具体编制要求

每个单位编制财务会计报表的目的，都是为财务报表使用者提供对决策有用的会计信息资料，促进社会资源的合理配置。所以，《会计法》规定：各单位财务会计报表的编制要求、提供对象、提供期限应当符合法定要求。具体来说，企业编制的财务会计报表应当做到如下要求。

（1）合法性

企业编制对外提供的财务会计报表，一定要符合国家相关法律、法规的规定。现行的“法”主要是指《中华人民共和国会计法》、国务院颁布的《企业财务会计报告条例》、财政部公布的《企业会计准则——基本准则》《企业会计准则第 30 号——财务报表列报》《企业会计准则第 31 号——现金流量表》《企业会计准则第 33 号——合并财务报表》等会计准则以及其他相关行政性法规和国家统一会计制度其他法律、行政法规另有规定的，各单位也要认真执行。根据合法性的要求，企业编制财务报表一定要做到以下几点。

①企业要以持续经营为基础，按照实际发生的交易和事项，根据《企业会计准则——基本准则》和其他各项会计准则的规定进行确认和计量，在此基础上编制财务报表。企业不应以附注披露来代替确认和计量。

如果以持续经营为基础编制的财务报表不再合理的，企业要采用其他基础编制财务报表，并在附注中披露这一事实。

②性质或功能类似的项目，其所属类别具有重要性的，要按照其类别在财务报表中单独列报。重要性，是指财务报表某项目的省略或错报会影响使用者据此做出经济决策的，

此项目具有重要性。重要性应当根据企业所处环境，从项目的性质和金额大小两方面予以判断。

③财务报表项目的列报应当在各个会计期间保持一致，不能随意变更，但会计准则要求改变财务报表项目的列报，企业经营业务的性质发生重大变化后变更财务报表项目的列报能够提供更可靠、更相关的会计信息等情况除外。性质或功能不同的项目，应当在财务报表中单独列报，但不具有重要性的项目除外。

④财务报表中的资产项目和负债项目的金额、收入项目和费用项目的金额不得相互抵消，但是其他会计准则另有规定的除外。

资产项目按照扣除减值准备后的净额列示，不属于抵消。

非日常活动产生的损益，以收入扣减费用后的净额列示，不属于抵消。

（2）内容完整

会计报表只有全面反映企业的财务状况、经营成果和现金流量情况，提供完整的会计信息资料，才能满足各方面对财务信息资料的需要。因此，企业在编制会计报表时，凡是国家要求提供的会计报表，都必须根据规定的要求编报，必须编报齐全，不得漏编漏报；对已有的经济活动及与报告对象决策相关的各种信息都要在会计报表中体现；对于应当填列的报表指标，无论是表内项目还是表外补充资料，都要填列齐全，不能随意取舍。

（3）数字真实

会计报表的编制目的主要是满足不同的使用者对信息资料的要求，便于使用者根据会计报表所提供的财务信息做出决策。因此，会计报表所提供的数据必须是真实的和可靠的，一定要如实地反映企业的财务状况、经营成果、现金流量和其他非财务信息，这是对会计报表的基本要求。所以，在日常会计核算中，会计凭证要真实反映企业实际的经济活动，账簿的记录要以合法的会计凭证为依据，会计的确认、计量、记录和报告都必须根据国家统一的会计制度和相关法规的规定进行处理，一定要把企业发生的经济业务全部登记入账，并按照规定核对账目、清查财产、调整账项，做到账证相符、账账相符、账实相符，使在此基础上编制的会计报表做到账表相符。同时按照规定的时间结账、编制会计报表。企业不能使用估算或推算的数字来编制会计报表，更不能弄虚作假、隐瞒谎报。单位负责人对会计报表的合法性、真实性负法律责任。如果会计报表所提供的财务信息不真实可靠，甚至是虚假的信息资料，不仅不能发挥其应有的作用，反而会由于错误的信息，导致报表使用者对企业财务状况得出相反的结论，使其决策失误。

（4）计算准确

在编制会计报表时，涉及大量的数字计算，只有准确计算，才能保证数字的真实可靠。因此，企业应当按照《企业财务会计报告条例》和《企业会计制度》规定的报表编制说明操作，根据账簿及其他相关资料，正确把握各项指标的口径，认真计算后填写，避免出现计算上的差错。各种会计报表之间、会计报表各项目之间，凡是有对应关系的数字，都要计算准确，使之相互一致。本期报表与上期报表之间相关的数字也要相互衔接，以确保会计报表的真实性。

（5）编报报表及时性

企业财务报表所提供的资料应具有很强的时效性。只有及时编制和报送财务报表，才能为使用者提供决策所需的信息资料。否则，即使财务报表的编制非常真实可靠、全面完整，然而由于编报不及时，也有可能失去其应有的价值。随着市场经济和信息技术的迅速发展，财务报表的及时性要求已变得越来越重要。

（五）财务报告的报送

每个单位应按照规定的时间编报并向外部财务报表使用者提供财务报告，以便于与企业有财务关系的单位及政府部门及时了解单位财务状况、经营成果和现金流量，并据此做出相应决策。根据国家统一会计制度的规定，月度财务报告应当于月份结束后 6 天内（节假日顺延，下同）对外提供；季度财务报告应当于季度结束后 15 日内对外提供；半年度财务报告应当于中期结束后 60 天内对外提供；年度财务报告应当于年度结束后 4 个月内对外提供。因此，企业要科学地组织会计的日常核算工作，选择适合本企业具体情况的会计核算组织形式，认真做好记账、算账、对账和按期结账工作。

在对外提供的财务报告上签章是明确责任的一个重要程序。《会计法》明确规定，会计报表应由单位负责人和主管会计工作的负责人、会计机构负责人（会计主管人员）签名并盖章；设置总会计师的单位，还须由总会计师签名并盖章。凡是法律、行政法规规定会计报表、会计报表附注和财务情况说明书要经过注册会计师审计的单位，该单位在提供财务报告时，应把注册会计师及其所在的会计师事务所出具的审计报表，连同财务报告一并提供。

二、资产负债表

（一）资产负债表的概念

资产负债表又称资金平衡表，是反映企业某一特定日期财务状况的财务报表，也被称为财务状况表。该表按月编制，对外报送，年度结束还要编报年度资产负债表。

资产负债表编制的理论依据是“资产=负债+所有者权益”这一会计恒等式。其编制原理是把企业特定日期（通常是期末）的资产、负债和所有者权益项目按照一定的分类标准和排列次序进行排列而形成的一定格式的报表。

从性质上讲，资产负债表是一个静态报表，它是以相对静止的方式来反映企业的资产、负债和所有者权益的总量及构成。换句话来说，报表中所反映的财务状况只是某一时点（编报日）上的状态，过了这一时点，企业的财务状况就会变化。因此，资产负债表只有对编报日来说才具有意义。从经济内容上分析，资产负债表实际上是用来反映企业从哪里取得资金，又把这些资金投放到哪些地方去了。前者可以理解为一种筹资活动，后者可以认为是广义的投资活动。而筹资和投资通常是企业财务活动的主要内容，所以资产负债表又称为财务状况表。

（二）资产负债表的作用

资产负债表是总括反映企业在某一特定日期（月末、季末或年末）资产、负债和所有者权益情况的会计报表。编制资产负债表具有以下作用。

①总括反映企业资金的来源渠道和构成情况，投资者和债权人据此可以分析企业资本结构的合理性及其所面临的财务风险。

②提供企业所掌握的经济资源及其分布的情况，报表使用者据此可以分析企业资产结构分布是否合理。

③通过对资产负债表的分析，可以了解企业的财务实力、偿债能力和支付能力，投资者和债权人可以据此做出相应的决策。

④通过对前后期资产负债表的对比分析，可了解企业资金结构的变化情况，经营者、投资者和债权人可以据此掌握企业财务状况的变化情况及其趋势。

（三）资产负债表的内容和结构

1. 资产负债表的内容

资产负债表是依据“资产=负债+所有者权益”编制的，通常包括表首和正表两部分。其中表首要概括地说明报表名称、编制单位、编制日期、报表编号、货币名称等；正表是资产负债表的主体，列出了说明企业财务状况的各个项目。

2. 资产负债表的结构

资产负债表结构的具体格式通常有报告式和账户式两种。我国企业资产负债表按照规定统一采用账户式格式。

报告式资产负债表，是把资产负债表的项目按从上到下的顺序排列，上部分列出资产的数额，下部分列出负债的数额和所有者权益的数额。

账户式资产负债表，是把资产负债表分为左、右两栏。左栏列出资产项目，右栏列出负债和所有者权益项目，从而使资产负债表左、右两边平衡，因此账户式的资产负债表，又被称为平衡式资产负债表。

（四）资产负债表的编制方法

1. 资产负债表“年初余额”栏内各项数字的填列方法

“年初余额”项目各项数字，应根据上年末资产负债表“期末余额”栏内所列数字填列，如果本年度资产负债表规定的各个项目名称和内容同上年度不一致，应对上年末资产负债表中各项目的名称和数字按本年度的规定进行调整，然后再填入本表的“年初余额”项目内。

2. 资产负债表“期末余额”各项目的填列方法

资产负债表是一张静态的财务报表，它反映企业特定时日的财务状况，编表的主要资料来源于反映特定时日财务状况的账户余额。所以资产负债表的编制是以资产、负债和所有者权益等账户的期末余额填列的。一般来说，资产类项目应根据资产类账户的期末借方余额填列，负债和所有者权益项目应根据负债类、所有者权益类账户的贷方期末余额填列。但这并不意味着账簿信息全部可以直接进入报表，因为报表项目和账簿记录并不完全是一一对应关系，有相当一部分数据必须经过合并、分拆等整理才能进入资产负债表。具体而言，进入资产负债表的期末栏数据可通过以下几种方式取得。

第一，根据总账账户的期末余额直接填列。资产负债表中的大多数项目的数据来源，主要是根据总账账户期末余额填列。具体项目如下。

①资产类项目：交易性金融资产、应收票据、应收股利、应收利息、累计折旧、工程物资、固定资产减值准备、固定资产清理、递延所得税资产等。

②负债类项目：短期借款、交易性金融负债、应付票据、应付职工薪酬、应交税费、应付利息、应付股利、其他应付款、预计负债、专项应付款、递延所得税负债等。

③所有者权益类项目：实收资本、资本公积、盈余公积等。

第二，根据总账账户期末余额计算填列。资产负债表中有些项目需要根据若干个总账账户期末余额的合计数填列，具体项目主要有资产类的“货币资金”，所有者权益类的“未分配利润”。

第三，根据若干明细账账户余额计算填列。资产负债表中有些项目需要根据若干个明细账账户期末余额的合计数填列。

具体项目主要有“应收账款”“预付账款”“应付账款”“预收账款”等。如“应付账款”项目，需要分别根据“应付账款”和“预付账款”两科目所属明细科目的期末贷方余额计算填列。

第四，根据总账账户和明细账账户期末余额分析计算填列。资产负债表中某些项目不能根据有关总账账户的期末余额直接或计算填列，也不能根据有关账户所属的明细账户的期末余额计算填列，而需要根据总账账户和明细账账户余额分析填列。具体项目主要有“长期应收款”“长期应付款”“长期借款”“应付债券”等。如“长期借款”项目，应根据“长期借款”总账科目余额扣除“长期借款”科目所属的明细科目中将以资产负债表日起一年内到期且企业不能自主地将清偿义务展期的长期借款后的金额填列。

第五，根据账户余额减去其备抵项目后的净额填列。具体项目主要有“存货”“持有至到期投资”“固定资产”“无形资产”等。

第六，根据资产负债表中相关项目金额计算填列。具体项目有“流动资产合计”“非流动资产合计”“资产总计”“流动负债合计”“非流动负债合计”“负债合计”“所有者权益（股东权益）合计”“负债及所有者权益总计”等。

三、利润表

（一）利润表的概念

利润表，也称为收益表或损益表。利润表是揭示企业在一定时期内（月度、季度或年度）经营成果的财务报表。企业在一定期间的经营成果，通常是指企业在一定期间内实现的利润。在内容上，利润是收入和费用相互比较的结果，收入是经营活动中的经济利益的流入，费用是经营活动中发生的耗费和支出，两者相抵后的差额便是利润或亏损。

由于收入和费用是企业在一定的时间长度以内发生的，所以，利润表在性质上属于动态报表的范畴，反映的是企业的资金运动后取得的成果。

利润表所报告的财务信息对会计报表的使用者具有非常重要的作用，已经逐渐成为人们关注的重点报表之一。国内外学者的实证研究表明：在企业财务报告所提供的这些指标中，等级重要性居前三位的指标分别是每股收益、每股净资产及权益收益率，三者都是获利能力指标。在我国，与利润相关的财务指标同样也很受信息使用者关注，中国证监会历次关于上市公司配股条件的控制参数设定、中国权威证券报刊与券商每年进行的“中国上市公司经营业绩排行榜”的评选、投资者和证券分析师们用于评价上市公司获利能力和企业成长所运用的指标，均来源于利润表。公司利润表是会计信息使用者进行决策的重要依据。

（二）利润表的作用

利润的多少和发展趋势，不仅是企业生存和发展的关键，也是投资者和债权人关注的焦点。所以，利润表的编制和披露对信息使用者是最为重要的。利润表的作用主要体现在以下四个方面。

1. 有利于分析和预测企业的获利能力

获利能力是指企业运用一定的资产获取利润的能力。获利能力的高低直接关系投资者回报的多少。假如企业的获利能力强，那么，未来实现的利润就会多，企业可供分配的利润也就会多，通常情况下投资者可以分得较多的红利；反之，若获利能力低，那么，企业分配红利就缺乏足够的物质基础。

所以，投资者可通过利润表披露的信息，对企业的盈利能力做出分析与评价，从而决定是否参与对企业的投资。

2. 有利于分析与预测企业的长期偿债能力

企业的长期偿债能力主要由企业的资本结构和盈利能力决定。在资本结构确定的情况下，获利能力对企业的长期偿债能力有着相当重要的影响。假如企业的获利能力不强，企业资产的流动性和资本结构可能逐步趋于恶化，最终必然会危及企业的偿债能力，使之陷入资不抵债的困境。

所以，管理人员和债权人可以利用利润表的信息，特别是通过各期利润的比较与分析，对企业的长期偿债能力做出评价和预测，以便决定与企业信贷关系的规模。

3. 有利于合理地分配经营成果

投资者及其他利益相关者之所以参与企业的投资与经营活动，其根本目的是获取利润。但企业的利润分配应该有一个合理的尺度，因为若分配过多，会影响企业未来的持续发展；但是若不分配或者分配少，又会影响投资者等相关人员的积极性。因此，企业一定要制定合理的利润分配政策和利润分配方案，而利润表所反映的利润方面的信息，就可为这一决策提供依据。

4. 有利于考核管理当局的经营业绩

管理当局的业绩可以体现在很多方面，然而最主要还是反映在利润的多少上。可以这样说，利润的多少是企业管理工作是否成功的一个最重要的标准。通过利润变动的分析，企业可以对相关职能部门的工作成效做出评估，以便做出机构增减变动以及相关人员奖惩任免的决定。

（三）利润表的格式

目前较为常用的利润表的格式主要有单步式和多步式两种。单步式利润表是把当期所有收入列在一起，之后把所有的费用列在一起，两项相减得出当期损益。多步式利润表通过对当期的收入、费用、支出项目根据性质加以归类，按照利润形成的主要环节列出一些中间性利润指标，如营业利润、利润总额、净利润等，分步计算出当期损益。

我国《企业会计准则》规定企业的利润表采用多步式格式，主要包括以下五项内容。

1. 营业收入

营业收入由主营业务收入和其他业务收入组成。

2. 营业利润

营业收入减去营业成本（主营业务成本、其他业务成本）、营业税金及附加、销售费用、管理费用、财务费用、资产减值损失，加上公允价值变动收益、投资收益，即为营业利润。

3. 利润总额

营业利润加上营业外收入，减去营业外支出，即为利润总额。

4. 净利润

利润总额减去所得税，即为净利润。

5. 每股收益

每股收益包括基本每股收益和稀释每股收益两项指标。

（四）利润表的编制方法

利润表主要反映企业在某一会计期间（月度、季度、半年度、年度）内的经营成果，因而利润表各项目的数据主要来源于各损益类账户的本期发生额。一般来讲，各收入类项目应根据相应的收入类账户的本期贷方发生额填列，各费用类项目应根据相应的费用类账户的借方发生额填列。

1. 利润表各项目“本期金额”栏的编制方法

“本期金额”栏反映的是各项目本期实际发生数，其编制方法如下。

（1）“营业收入”项目

反映企业主要经营业务和其他经营业务取得的收入数额。本项目应根据“主营业务收入”和“其他业务收入”账户发生额分析填列。

（2）“营业成本”项目

反映企业主要经营业务和其他经营业务发生的实际成本。本项目应根据“主营业务成本”和“其他业务成本”账户发生额分析填列。

（3）“营业税金及附加”项目

反映企业销售商品、提供劳务等经营业务应负担的营业税、消费税、资源税、城市维护建设税和教育费附加。本项目应根据“营业税金及附加”账户发生额分析填列。

（4）“销售费用”项目

反映企业在销售商品、提供劳务等经营过程中发生的各项销售费用。本项目应根据“销售费用”账户发生额分析填列。

（5）“管理费用”项目

反映企业发生的各项管理费用。本项目应根据“管理费用”账户发生额分析填列。

（6）“财务费用”项目

反映企业在筹集资金等业务活动中发生的费用。本项目应根据“财务费用”账户发生额分析填列。

（7）“资产减值损失”项目

反映企业计提各项资产减值准备所形成的损失。本项目应根据“资产减值损失”账户发生额分析填列。

（8）“公允价值变动损益”项目

反映企业当期交易性金融资产、交易性金融负债，以及形成公允价值模式计量的投资性房地产、衍生工具、套期保值业务等公允价值变动形成的应计入当期损益的利得或损失。本项目应根据“公允价值变动损益”账户发生额分析填列。

（9）“投资收益”项目

反映企业以各种方式对外投资所取得的收益和损失。本项目应根据“投资收益”账户发生额分析填列。如有投资损失，本项目应以“-”号填列。

（10）“营业利润”项目

反映企业本期实现的营业利润，如为亏损总额，则本项目以“-”号填列。本项目应根据表中上述各项目计算得出。

（11）“营业外收入”项目

反映企业生产经营活动无直接联系的各项收益。本项目应根据“营业外收入”账户发生额分析填列。

（12）“营业外支出”项目

反映企业生产经营活动无直接联系的各项支出。本项目应根据“营业外支出”账户发生额分析填列。

（13）“利润总额”项目

反映企业本期实现的利润总额，如为亏损总额，则本项目以“-”号填列。本项目应根据“利润总额=营业利润+营业外收入-营业外支出”公式计算填列，也可根据“本年利润”账户发生额分析填列。

（14）“所得税”项目

反映企业按规定从本期损益中扣除的所得税。本项目应根据“所得税”账户借方发生额分析填列。

（15）“净利润”项目

反映企业税后的利润。本项目应根据“利润总额-所得税=净利润”公式计算填列。也可以根据“本年利润”账户发生额分析填列，如为亏损，应以“-”号填列。

（16）“每股收益”项目

普通股或潜在普通股企业以及正处于公开发行普通股或潜在普通股过程中的企业应当在利润表中单独列示基本每股收益和稀释每股收益。

①基本每股收益。企业应当按照归属普通股股东的当期净利润，除以发行在外普通股的加权平均数计算基本每股收益。

发行在外普通股加权平均数=期初发行在外普通股股数+当期新发行普通股股数×已发行时间÷报告期时间-当期回购普通股股数×已回购时间÷报告期时间

已发行时间、报告期时间和已回购时间一般按照天数计算；在不影响计算结果合理性的前提下，也可以采用简化的计算方法。

②稀释每股收益。企业存在稀释性潜在普通股的，应当分别调整归属普通股股东的当期净利润和发行在外普通股的加权平均数，并据以计算稀释每股收益。稀释性潜在普通股，是指假设当期转换为普通股会减少每股收益的潜在普通股。潜在普通股，是指赋予其持有者在报告期或以后期间享有取得普通股权利的一种金融工具或其他合同，包括可转换公司债券、认股权证、股份期权等。

计算稀释每股收益，应当根据下列事项对归属普通股股东的当期净利润进行调整（应考虑相关的所得税影响）：当期已确认为费用的稀释性潜在普通股的利息；稀释性潜在普通股转换时将产生的收益或费用。

计算稀释每股收益时，当期发行在外普通股的加权平均数应当为计算基本每股收益时普通股的加权平均数与假设稀释性潜在普通股转换为已发行普通股而增加的普通股股数的加权平均数之和。计算稀释性潜在普通股转换为已发行普通股而增加的普通股股数的加权平均数时，以前期间发行的稀释性潜在普通股，应当假设在当期期初转换；当期发行的稀释性潜在普通股，应当假设在发行日转换。

2. 利润表各项目“上期金额”栏的编制方法

各项目的“上期金额”可以根据上期利润表该项目的“本期金额”栏的数字填列。如果上年利润表的项目名称和内容与本年利润表项目不一致，应对上年利润表项目的名称和数字按本年度的规定调整，填入表中“上期金额”栏。

四、现金流量表

（一）现金的概念

现金流量表是以现金为基础编制的。根据《企业会计制度》中的规定，现金流量表中的现金主要包括现金及现金等价物。

1. 现金

现金流量表中的现金是指企业库存现金和可以随时用于支付的存款，如银行活期存款及具有银行活期存款性质可以随时存取而不受任何限制的其他项目，包括“现金”账户核算的现金以及“银行存款”账户核算的存入金融企业、可以随时用于支付的存款以及“其他货币资金”账户核算的外埠存款、银行汇票存款、银行本票存款和信用卡存款等其他货币资金。不能随时用于支付的存款，比如不能随时支取的定期存款、受限制的境外存款等，不能作为现金。但提前通知金融企业便可支取的定期存款也应包括在现金范围内。

2. 现金等价物

现金等价物是指企业持有的期限短、流动性强、易于转换为已知金额现金、价值变动风险很小的投资。其中，期限短是指从购买日起 3 个月内到期的投资。现金等价物虽然不是现金，但其支付能力与现金的差别不大，可视为现金。一项投资是否是现金等价物，一定要同时具备“期限短、流动性强、易于转换为已知金额现金、价值变动风险很小”这几个条件。

（二）现金流量表的含义和作用

所谓现金流量表，是综合反映企业一定会计期间内现金和现金等价物（以下简称现金）流入、流出及其增减变化情况的会计报表。它是一张动态报表。

现金流量表是企业管理层、投资者和债权人非常关心的重要数据。其编制目的主要是分类提供企业一定时期现金收入和现金流出的信息，让会计报表使用者通过阅读现金流量表，对企业未来的现金流量做出评估，对企业的变现能力、支付股利能力、对外筹资能力和偿债能力等做出正确评价。具体来说，通过现金流量表以及其他报表和相关信息可以评估企业以下几个方面的事项：

①预测企业未来获得或支付现金的能力。

②企业偿还债务和支付企业所有者的投资回报（如股利）的能力。

③会计年度内影响或不影响现金的投资活动和筹资活动。

④经营过程中企业的净利润和经营活动所产生的净现金流量发生差异的原因。

⑤企业主体向外界筹集资金的必要性。

（三）现金流量及其分类

1. 现金流量

现金流量是指现金的流动量，分为现金流出量和现金流入量。前者会导致企业现金总量的减少，后者会导致企业现金总量的增加。对于一家企业而言，某一时期的现金变动净额就是两者相抵后的差额。现金流量表在分项目显示现金流量变化时，不仅平行地揭示现金流出量和流入量，还反映了两者之间的差额。这样，通过现金流量表，既可以看出企业现金流量变动的结果，也可以了解其变动的过程和原因。

企业现金流量增减变化的原因，可以从多种角度进行分类与分析。假如从会计要素之间相互转化这一方面来分析，现金流出量是资产（除现金之外）增加和负债、所有者权益减少带来的结果。其关系可表示为以下公式：

现金减少额=负债减少带来的现金减少额+所有者权益减少而导致的现金减少额+非现金性资产增加而引起的现金减少额

现金流入量（增加额）是非现金资产减少、负债增加和所有者权益增加所致。这一关系可用下式表示：

现金增加额=负债增加带来的现金增加额+所有者权益增加导致的现金增加额+非现金性资产转化而带来的现金增加额

要注意的是，企业现金形式的转换不会产生现金流入和流出量。比如企业从银行提取现金，这是一种现金形式之间的转化，并不构成现金流量。

现金流量还可以按照交易的性质进行分类。照此标准，可把现金流量分为投资活动的现金流量、经营活动的现金流量和筹资活动的现金流量，这种分类是现金流量表的主要分类方法。现金流量表的结构就是按照这种分类法进行设计的。

2. 现金流量的分类

现金流量按照交易的性质进行分类，可分为三大类，即投资活动产生的现金流量、经营活动产生的现金流量和筹资活动产生的现金流量。

（1）投资活动产生的现金流量

投资活动，是指企业长期资产的购建和不包括在现金等价物范围内的投资及其处置活动。编制现金流量表所指的“投资”既包括对外投资，又包括长期资产的购建与处置。投资活动包括取得和收回投资、购建和处置固定资产、购买和处置无形资产等。通过投资活动产生的现金流量，可以判断投资活动对企业现金流量净额的影响程度。

（2）经营活动产生的现金流量

经营活动，是指企业投资活动和筹资活动以外的所有交易和事项，包括销售商品或提供劳务、购买商品或接受劳务、收到的税费返还、支付职工薪酬、支付各项税费、支付广告费用等通过经营活动产生的现金流量，可以说明企业的经营活动对现金流入和流出的影响程度，判断企业在不动用对外筹得资金的情况下，是否足以维持生产经营、偿还债务、支付股利、对外投资等。

与一般企业相比，金融企业的经营活动性质不同，对经营活动产生的现金流量项目认定存在一定差异。在编制现金流量表时，应当根据本企业的实现情况，对经营活动产生的现金流量项目进行合理归类。

（3）筹资活动产生的现金流量

筹资活动，就是指导致企业资本及债务规模和构成发生变化的活动。筹资活动包括发行股票或接受投入资本、分派现金股利、取得和偿还银行借款、发行和偿还公司债券等。通过筹资活动产生的现金流量，可以分析企业通过筹资活动获取现金的能力，从而判断筹资活动对企业现金流量净额的影响程度。

企业在编制现金流量表的过程中，对现金流量予以分类时，对于没有特别指明的现金流量，应当根据现金流量的分类方法和重要性原则，判断某项交易或事项所产生的现金流量应当归属的类别或项目，对于重要的现金流入或流出项目应单独反映。对于自然灾害损失、保险索赔等特殊项目，要根据其性质，分别归并投资活动、经营活动和筹资活动现金流量类别中单独列报。

（四）现金流量表的编制方法

1. 现金流量表的填列项目

（1）经营活动产生的现金流量

相关经营活动现金流量的信息，可通过企业的会计记录取得，也可根据下列项目对利润表中的营业收入、营业支出以及其他项目进行调整后取得。当期存货及经营性应收和应付项目的变动，固定资产折旧、无形资产摊销、计提资产差值准备等其他非现金项目，属于投资活动或筹资活动现金流量的其他非现金项目。

①“销售商品、提供劳务收到的现金”项目。

此项目反映企业销售商品、提供劳务实际收到的现金（包括应向购买者收取的增值税销项税额），包括本期销售商品、提供劳务收到的现金，以及前期销售商品、提供劳务于本期收到的现金和本期预收的款项，减去用于支付本期退回的本期和前期销售的商品的现金。企业销售材料和代购代销业务收到的现金，也在本项目反映。本项目可以根据“库存现金”“银行存款”“应收账款”“应收票据”“预收账款”“主营业务收入”“其他业务收入”等科目的记录分析填列。

②“收到的税费返还”项目。

此项目反映企业收到返还的各种税费，包括收到返还的增值税、消费税、营业税、所得税、教育费附加等。本项目可以根据“库存现金”“银行存款”“营业外收入”“其他应收款”等科目的记录分析填列。

③“收到的其他与经营活动相关的现金”项目。

此项目反映企业除了上述各项目外，所收到的其他与经营活动相关的现金，比如罚款、流动资产损失中由个人赔偿的现金、经营租赁租金等。若某项其他与经营活动相关的现金流入金额较大，应单列项目反映。本项目可以根据“库存现金”“银行存款”“营业外收入”等科目的记录分析填列。

④“购买商品、接受劳务支付的现金”项目。

此项目反映企业购买商品、接受劳务实际支付的现金（包括增值税进项税额），包括本期购入材料、商品、接受劳务支付的现金，以及本期支付前期购入商品、接受劳务的未付款项和本期预付款项，减去本期发生的购货退回收到的现金。企业代购代销业务支付的现金也在本项目反映。

⑤“支付给职工以及为职工支付的现金”项目。

此项目反映企业实际支付给职工，以及为职工支付的现金，包括本期实际支付给职工的工资、奖金、各种津贴和补贴等，以及为职工支付的其他费用。企业代扣代缴的职工个人所得税也在本项目反映。不包括支付的离退休人员的各项费用和支付给在建工程人员的工资及其他费用。

⑥“支付的各项税费”项目。

此项目反映企业按照规定支付的各种税费，包括企业本期发生并支付的税费，以及本期支付以前各期发生的税费和本期预交的税费，包括所得税、增值税、营业税、消费税、印花税、房产税、土地增值税、车船使用税、教育费附加等，但不包括计入固定资产价值、实际支付的耕地占用税，也不包括本期退回的增值税、所得税。本期退回的增值税、所得税在“收到的税费返还”项目反映。

⑦“支付的其他与经营活动相关的现金”项目。

此项目反映企业除上述各项目外所支付的其他与经营活动相关的现金流出。比如经营租赁支付的租金、支付罚款、差旅费、业务招待费、保险费等。

（2）投资活动产生的现金流量

①“收回投资所收到的现金”项目。

此项目反映企业出售、转让或到期收回除现金等价物以外的对其他企业的权益工具、债务工具和合营中的权益等投资收到的现金。收回债务工具实现的投资收益、处置子公司及其他营业单位收到的现金净额不包括在本项目内。

②“取得投资收益所收到的现金”项目。

此项目反映企业因股权性投资和债权性投资而取得的现金股利、利息，以及从子公司、联营企业和合营企业分回利润收到的现金。不包括股票股利。

③“处置固定资产、无形资产和其他长期资产所收回的现金净额”项目。

此项目反映企业出售、报废固定资产、无形资产和其他长期资产收到的现金（包括因资产毁损收到的保险赔偿款），减去为处置这些资产而支付的相关费用后的净额。如所收回的现金净额为负数，则应在“支付其他与投资活动相关的现金”项目反映。

④“处置子公司及其他营业单位收到的现金净额”项目。

此项目反映企业处置子公司及其他营业单位所取得的现金，减去相关处置费用以及子公司及其他营业单位持有的现金和现金等价物后的净额。

⑤“收到的其他与投资活动相关的现金”项目。

此项目反映企业除了上述各项以外，收到的其他与投资活动相关的现金流入。若其他现金流入价值较大的，应单列项目反映。

⑥“购建固定资产、无形资产和其他长期资产所支付的现金”项目。

此项目反映企业购买、建造固定资产，取得无形资产和其他长期资产实际支付的现金，以及用现金支付的应由在建工程和无形资产负担的职工薪酬，不包括为购建固定资产而发生的借款利息资本化部分，以及融资租入固定资产支付的租赁费。

⑦“投资所支付的现金”项目。

此项目反映企业取得除现金等价物以外的对其他企业的权益工具、债务工具和合营中的权益投资所支付的现金，以及支付的佣金、手续费等交易费用，但取得子公司及其他营业单位支付的现金净额除外。

⑧“取得子公司及其他营业单位支付的现金净额”项目。

此项目反映企业购买子公司及其他营业单位购买出价中的现金部分，减去子公司及其他营业单位持有的现金和现金等价物后的净额。

⑨“支付的其他与投资活动相关的现金”项目。

此项目反映企业除了上述各项以外所支付的其他与投资活动相关的现金流出。

（3）筹资活动产生的现金流量

①“吸收投资所收到的现金”项目。

此项目反映企业以发行股票、债券等方式筹集资金实际收到的款项，减去直接支付的佣金、手续费、咨询费、宣传费、印刷费等发行费用后的净额。

②“取得借款收到的现金”项目。

此项目反映企业举借各种短、长期借款所收到的现金。

③“收到的其他与筹资活动相关的现金”项目。

此项目反映企业除上述各项目外所收到的其他与筹资活动相关的现金流入，比如接受现金捐赠等。

④“偿还债务所支付的现金”项目。

此项目反映企业以现金偿还债务本金所支付的现金，包括偿还金融企业的借款本金、偿还债券本金等。

⑤“分配股利、利润或偿还利息所支付的现金”项目。

此项目反映企业实际支付的现金股利，支付给其他投资单位的利润或用现金支付的借款利息、债券利息等。

⑥“支付的其他与筹资活动相关的现金”项目。

此项目反映企业除了上述各项外所支出的其他与筹资活动相关的现金流出，比如捐赠现金支出、融资租入固定资产支付的租赁费等。

⑦“汇率变动对现金的影响”项目。

此项目反映企业外币现金流量及境外子公司的现金流量折算为人民币时，所用的现金流量发生日的汇率或平均汇率折算的人民币金额与“现金及现金等价物净增加额”中外币现金净增加额按照期末汇率折算的人民币金额之间的差额。

2. 现金流量表的编制方法

（1）直接法

所谓直接法，就是指按照现金收入和现金支出的主要类别直接反映企业经营活动产生的现金流量。用直接法计算经营活动现金流量，其特点是根据本期营业收入作为起算点，调整与经营活动有关的流动资产和流动负债的增与减的变化，把利润表中以权责发生制为基础计算的收入与费用项目，转换成以收付实现制为基础计算的收入与费用。

直接法的优点体现在能够反映经营活动产生的现金净流量的中间信息。

（2）间接法

所谓间接法，就是以净利润为基础来调节不牵涉现金的收入。间接法的特点是以本期净利润（净亏损）为起算点，调整不牵涉现金的收入、费用、营业外收支等相关项目，据此计算出经营活动产生的现金流量。

间接法的优点体现在能够反映净收益与经营活动产生的现金净流量的差异，编制方法也较为简单。

财政部门颁布的《现金流量表》准则要求，企业应该要采用直接法报告经营活动产生的现金流量，并要求企业在报表附注中披露把净利润调节为经营活动产生的现金流量的信息。

五、财务报表附注

（一）编制财务报表附注的意义

所谓财务报表附注，是指为了帮助报表使用者理解财务报表的内容而对报表的相关项目所做的解释说明。企业编制财务报表附注，可以让报表使用者（包括现在和潜在的投资者、债权人以及政府相关部门等）对企业的经营成果、财务状况和现金流动情况有更加充分的了解，从而做出正确的决策。

1. 提高会计信息的有效性

财务报表是根据会计准则和相关的会计制度编制而成的，而会计准则和会计制度在某些方面提供了多种会计处理方法让企业选择使用，这就造成了不同行业或同一行业的不同企业之间所提供的会计信息的差异。除此以外，在某些情况下，企业所采用的会计政策也有可能发生某些变动或调整，从而使企业不同时期的会计信息缺乏可比的基础。而报表附注的编制能使报表阅读者了解企业会计政策的选择、会计政策调整的原因以及会计政策调整对相关指标的影响等，从而提高会计信息的有效性。

2. 提高会计信息的可理解性

财务报表附注会对财务报表中的相关重要数据做出解释或说明，或是对相关数据所反映的重要事项和交易做进一步的解释，把较为抽象的数据具体化，有利于报表阅读者正确地理解财务报表，合理地利用所需的会计信息。

3. 促使会计信息充分披露

财务报表附注是财务报告的一个组成部分。有些信息因为其属性方面的特殊性没办法或不适宜在财务报表内反映，而财务报表附注的编制，就可以用文字说明的方式，充分披露财务报表以外与报表使用者的决策相关的重要信息，从而有助于投资者、债权人等全面地了解企业的财务状况和经营成果，以便做出合理的判断和决策。

（二）财务报表附注的主要内容

财务报表附注包括所有在会计报表内未提供的、与企业财务状况和经营成果以及现金流动相关的、有利于报表使用者更好地了解财务报表的重要信息。具体说来，财务报表附注一般应包括企业简介、主要会计政策、财务报表项目注释、分部情况和重要事项揭示等。

按照企业会计准则（制度）的要求，企业的年度会计报表附注至少要披露如下内容（法律、行政法规和国家统一的会计制度另有规定的，从其规定）。

第一，企业的基本情况。

①企业注册地、组织形式和总部地址。

②企业业务性质和主要经营活动。

③母公司以及集团最终母公司的名称。

④财务报告的批准报出者和财务报告批准报出日。

第二，财务报表的编制基础。

第三，遵循企业会计准则的声明。企业应声明编制的财务报表符合企业会计准则的要求，真实、完整地反映了企业的财务状况、经营成果和现金流量等相关信息。

第四，重要会计政策和会计估计。企业应披露采用的重要会计政策和会计估计，不重要的会计政策和会计估计可不披露。在披露重要会计政策和会计估计的时候，要披露重要会计政策的确定依据和财务报表项目的计量基础，以及会计估计中所采用的关键假设和不确定因素，主要包括以下八个事项：

①会计政策变更的内容和理由。

②会计政策变更的影响数。

③累积影响数不能合理确定的理由。

④会计估计变更的内容和理由。

⑤会计估计变更的影响数。

⑥会计估计变更的影响数不能合理确定的理由。

⑦重大会计差错的内容。

⑧重大会计差错的更正金额。

第五，会计政策和会计估计变更以及差错更正的说明。企业应当根据《企业会计准则第 28 号——会计政策、会计估计变更和差错更正》及其应用指南的规定，披露会计政策和会计估计变更以及差错更正的相关情况。

第六，报表重要项目的说明。企业对报表重要项目的说明，应当根据资产负债表、利润表、现金流量表、所有者权益变动表及其项目列出的顺序，用文字和数字描述相结合的方式进行披露。报表重要项目的明细金额合计，要与报表项目金额相衔接。

第七，或有事项。企业应当根据《企业会计准则第 13 号——或有事项》第十四条和第十五条的有关规定进行披露。

第八，资产负债表日后事项。所谓资产负债表日后的非调整事项，是指在资产负债表日后才发生或存在，由于不影响资产负债表日的存在状况而无须对报表进行调整的事项。但是在这些事项中，有些影响大，若不加以说明，会影响报表使用者对财务报表的理解，所以要在报表附注中加以说明。比如，要说明股票和债券的发行、对一家企业的巨额投资、自然灾害导致的资产损失以及外汇汇率发生较大变动、董事会决定发放股票股利等非调整事项的内容，并估计其对财务状况、经营成果的影响；假如无法做出估计，要说明其原因。这些都应该在报表附注中说明。

第九，关联方关系及交易。在存在控制关系的情况下，关联方若为企业，不管它们之间有无交易，都应说明如下事项：

①企业经济性质或类型、名称、法定代表人、注册地、注册资本及其变化。

②企业的主营业务。

③所持股份或权益及其变化。

在企业与关联方发生交易的情况下，企业要说明关联方关系的性质、交易类型及其交易要素。要素一般包括以下内容：

①交易的金额或相应比例。

②未结算项目的金额或相应比例。

③定价政策（包括没有金额或只有象征性金额的交易）。

关联方交易应该分别就关联方以及交易类型做出说明，类型相同的关联方交易，在不影响会计报表使用者正确理解的情况下可合并说明。对关联方交易价格的确定假如高于或低于一般交易价格的，要说明其价格的公允性。

第十，合并会计报表的说明。说明合并范围的确定原则；本年度合并报表范围如果发生变更，企业应该说明变更的内容、理由。

第十一，有助于理解和分析会计报表需要说明的其他事项。

六、会计报表的分析方法

（一）会计报表分析的目的

对会计报表进行分析的目的可以概括为以下四个方面。

第一，对于企业的经营管理人员以及会计报表的其他使用人员来说，由于企业是自主经营、自负盈亏的经济实体，其经营目标是追求企业利润的最大化，所以可以通过会计报表分析对企业的财务状况、盈利能力、资产使用效率以及未来持续发展的可能性进行全面了解，并对企业的经营情况和财务管理工作进行监控，以便及时发现问题，并采取措施加以解决。

第二，对于企业的投资者来说，因为投资者承担的风险最大，所以在所有的会计信息使用者中，投资人对会计信息的需求量最全面也最大，他们所关心的是投资回报率、股利分配情况、财务风险等信息。投资回报率取决于企业的盈利能力和企业管理者对资产的营运能力。与此同时，作为企业经营风险的最终承担者，他们也非常关心企业的偿债能力。所以，从投资者的角度进行会计报表分析，主要是分析企业的获利能力、对资产的营运能力以及企业的偿债能力。要说明的是，对不同类型的投资者而言，其分析的侧重点可能有所不同。

第三，对于企业的债权人来说，因为贷款利息是相对固定的，债权人的收益也具有固定性的特点。不管企业的利润多高，债权人所得到的仅限于合同规定的利息。当然，假如企业出现亏损或陷入财务困境，债权人也可能连本带利均难以收回，而资产是企业偿还债务的基础，所以他们最关心的是他们提供的债权到期是否能按期收回本金和利息。对于提供短期信用的债权人而言，他们主要关心的是企业当前的资本结构、流动资产的变现能力以及企业的短期偿债能力；对于向企业提供长期信用的债权人而言，由于权益资本与借贷资本的比例直接影响长期债权人借贷资金的安全，所以他们更关心企业未来的现金流量、长期盈利能力以及企业的资本结构。

第四，对政府及相关管理部门来说，他们最关心的是企业的社会效益、国有资本的保值增值情况、来自企业的财政收入、企业经营的合法合规性等。通过会计报表分析，可以审查企业纳税申报数据的计算是否正确，是否及时履行了纳税义务，是否遵守了政府的相关法规和市场秩序，以及了解职工就业和收入情况等。

（二）财务报表分析的基本方法

财务报表分析的主要方法有比较分析法、比率分析法和因素分析法三种。

1. 比较分析法

比较分析法是指把报表中的有关项目或同一项目不同时期的数值加以比较分析，从而揭示出项目的结构或变化趋势的一种分析方法。根据比较的范围和对象的不同，比较分析法有多种形式，其中主要的有两种，即趋势比较分析和结构比较分析。

在采用趋势比较分析法时，一般使用两种方法：一种方法是把前一年作为后一年的基期进行比较，即每一年的数值均与它前一年的数值进行比较，求出两者的变化比率，这种方法又称为环比百分比法。它的优点是可以反映出逐年变化的情况，其不足之处在于无法反映出逐年变化的累计影响。另一种方法是以某一年度为基期，以后每年的数值均与基期的数值进行比较，计算出两者的变动比率，这种方法又称为定基百分比法。

2. 比率分析法

比率分析法就是把财务报表中的一个或多个项目与其他项目进行对比，计算出两者之间的比值，从而揭示出财务报表项目之间的逻辑关系及其量值的一种分析方法。此法是财务报表分析中最基本、最常用的方法，主要适用企业财务状况和经营成果的分析。在实际工作中，许多指标的比值已成为标准值，被人们普遍作为参照数值使用。

会计报表的比率分析，经常采用的方法有以下几种形式。

（1）相关比率分析

这种分析方法是指根据经济活动中存在的相互依存关系，把同一时期会计报表上的两个性质不同但又相关的项目进行对比，计算比率指标，以此评价企业的财务状况和经营成果。

（2）构成比率分析

这种分析方法是指通过计算同一会计报表中某个项目的组成部分占总体的比率，来评价企业的经济活动。

（3）趋势比率分析

这种分析方法是把连续几期会计报表上的同一项目加以对比，求出比率，分析其增减速度和发展趋势，以判断企业某方面业务的趋势，并从其变化中发现企业在经营方面所取得的成绩或存在的不足。

利用比率分析法进行会计报表分析，不但计算简便，而且对其结果也较容易判断；可以使某些指标在不同规模的企业之间进行比较，甚至也能在一定程度上超越行业间的差别进行比较。但是，在使用比率分析法时要注意，所选择的项目之间要有一定的逻辑关系，这种逻辑关系通常表现为某种因果联系；反之，若把两个毫无关联性的项目进行比较，虽然也可以计算出一个比值，但却没有任何经济意义和分析使用价值。

3. 因素分析法

因素分析法，又称为因素替换法或连环替代法，它是从数值上测定几个相互联系的因素对某一综合经济指标或报表项目影响程度的方法。因素分析法可用于对由多种因素构成的综合性指标进行分析，比如利润、销售收入、资产报酬率、资产周转率等。这些指标的变动通常是多种因素综合作用的结果，使用此法可以查明各相关因素对某一项目的影响程度，有利于分清经济责任，找出主要因素，缩小研究面，以便于集中精力，抓住主要矛盾，解决问题，对评价企业各方面的经营管理工作也更有说服力。一般而言，通过比较分析法和比率分析法，可以确定这些指标的数值和差异，却不能说明差异产生的原因和各因素的影响程度。而运用因素分析法，则可以确定各因素变动对该指标的影响程度，以便找出关键的、主要的因素，采取措施加以解决。所以，因素分析法可看作是比较分析法和比率分析法的延续，其应用是建立在前述方法基础之上的。

（三）财务报表分析的基本内容

根据财务报表中大量的数据，可以计算出很多有意义的比率，这些比率牵涉企业经营管理的各个方面。按照比率的性质和其在财务报表分析与评价中的作用，通常把财务比率分为四大类：变现能力比率、资产管理能力比率、负债比率和盈利能力比率。变现能力比率主要用于分析短期偿债能力；资产管理能力比率常用于分析资产管理效率；负债比率主要用来反映企业偿付长期债务的能力；盈利能力比率则用于分析企业获利能力的大小。

1. 变现能力比率分析

变现能力就是企业产生现金的能力，它取决于在近期转变为现金的流动资产的多少。在财务比率中，能反映变现能力的主要有流动比率和速动比率。

（1）流动比率

流动比率是衡量企业偿付短期债务能力最常用的一种比率，是企业的流动资产与其流动负债的比率。其计算公式如下：

$$流动比率=流动资产÷流动负债$$

此比率是评价企业用流动资产偿还流动负债能力的一种指标，说明企业每一元流动负债有多少流动资产可作为支付的保证。流动资产高于流动负债，说明企业有偿还债务的能力。假如流动比率低，则说明企业偿还债务的能力差，企业可能面临着到期偿还不了债务的困难；如果流动比率越高，就说明企业偿还债务的能力越大，企业的安全程度就越高。然而，流动比率如果过高，就可能出现资金呆滞，会给企业带来不良后果，因为流动比率过高可能意味着企业持有较多不能盈利的闲置资产。根据实际经验，通常认为流动比率保持在2左右比较好。

（2）速动比率

流动比率尽管可用来评价流动资产总体的变现能力，但是人们（尤其是短期债权人）还是希望有一个比流动比率更能反映即时偿债能力的比率指标。这个指标就是速动比率，也称为酸性测试比率，其计算公式为：

速动比率=（流动资产-存货）÷流动负债

从公式中可以看出，在计算速动比率的时候，要把存货从流动资产中剔除，原因就是在流动资产中存货的变现速度最慢，且由于某些原因，部分存货可能已损失报废还没做处理。所以，把存货从流动资产总额中扣除后再计算出的变现能力指标，更加令人信服。

一般认为正常的速动比率为1，低于1的速动比率说明短期偿债能力偏低。但是，因为行业的性质不同，企业的速动比率也会有很大差别。对于大量进行赊销的企业来说，即使速动比率大于1也未必就正常。相反，对大量采用现金销售的商店来说，低于1的速动比率也是很正常的。所以，在运用速动比率评价企业的短期偿债能力时，要考虑企业的行业特性和企业的信用政策等方面的因素，不能以速动比率这一单个指标轻易下结论。

2. 资产管理能力比率分析

资产管理能力比率是用来衡量企业在资产管理方面的效率的财务比率，主要包括存货周转率、应收账款周转天数、流动资产周转率。

（1）存货周转率

存货是企业的一项重要资产，其周转速度的快慢会直接影响企业资金的变现能力，从某一角度来说，也反映了企业经营管理水平的高低。衡量存货周转速度的指标有存货周转率（存货周转次数）和存货周转天数。通常，存货周转率越高，就表明存货周转速度越快，存货周转天数越短，企业的经营管理水平就越高，资金的变现能力就越强。其计算公式如下：

存货周转率=销售成本÷存货平均余额

存货周转天数=360÷存货周转率

其中，销售成本就是主营业务成本；存货平均余额就是存货期初余额和期末余额的平均数。

（2）应收账款周转天数

表明应收账款周转速度的指标就是应收账款周转率；用时间表示的周转速度指标，就是应收账款周转天数。应收账款周转率反映年度内应收账款转化为现金的平均次数，而应

收账款周转天数则反映企业从取得应收账款的权利到收回款项、转换为现金所需的时间。两者的计算公式为

应收账款周转率=销售收入÷平均应收账款

应收账款周转天数=360÷应收账款周转率

公式中的“销售收入”数来自利润表；“平均应收账款”是指未扣除坏账准备的应收账款金额，也就是资产负债表中应收账款项目的“期初数”与“期末数”两者的平均值。

（3）流动资产周转率

通常，应收账款周转率越高，平均收账期越短，就说明应收账款的收回越快；反之，则说明企业的营运资金过多地呆滞在应收账款上，从而影响正常的资金周转。

3. 负债比率分析

负债比率是指债务和资产、净资产的关系，它反映的是企业偿付到期长期债务的能力。

企业对一笔债务要负两种责任：一是偿还债务本金的责任；二是支付债务利息的责任。分析一家企业的长期偿债能力，就是为了确定该企业偿还债务本金与支付债务利息的能力。具体的分析方法是：通过财务报表中相关数据来分析权益与资产之间的关系，分析不同权益之间的内在关系，分析权益与收益之间的关系，计算出一系列的比率，可以看出企业的资本结构是否健全合理，从而评估企业的长期偿债能力。

（1）资产负债率

资产负债率，又叫负债比率、举债经营比率，是企业负债总额与资产总额之间的比率。资产负债率体现的是企业资产总额中有多大比例是依靠借贷筹集的。资产负债率越高，说明企业利用债权人资金进行经营活动的能力越强，可为投资人带来较多的利益；但也说明企业的债务负担越重，不能偿还的可能性也就越大，债权人的风险也越高。通常情况下，企业的资产负债率要保持在50%左右，这样既说明企业有较好的偿债能力，又充分利用了负债进行经营的能力。其计算公式为：

资产负债率=负债总额÷资产总额

（2）负债所有者权益比率

负债所有者权益比率，是指企业的负债总额和所有者权益总额之间的比率，它所反映的是债务资本与权益资本的对比关系。其计算公式为：

负债所有者权益比率=负债总额÷所有者权益总额

从债权人的角度来看，负债所有者权益比率越高，就说明风险越大，因此该指标是越

低越好。该指标越低，就表明企业自有资本越雄厚，债权人投入资金受所有者权益保障的程度越大，债权人就越有安全感。所有者权益是债权人利益的最终保障，假如负债总额超出所有者权益总额，债权人将承担较大的经营风险，企业如果破产清算，债权人就会难以收回资金。因此，该指标也不是越高就越好。一般认为，该指标应维持在 1 左右。

4. 盈利能力比率分析

盈利能力又称获利能力，是指企业赚取利润的能力。无论是投资人、债权人还是企业管理人员，都特别重视和关心企业的盈利能力。

通常情况下，企业的盈利能力只牵涉正常的营业状况，就是指企业在正常状态下获取利润的能力。尽管非正常的事项也可能会给企业带来利得或损失，并最终改变利润总额的构成，但这些特殊情况没有连续性和普遍性，并不能够形成或影响企业的获利能力。所以，在计算和分析企业的盈利能力时，要把非正常事项的影响除掉。

反映企业盈利能力的财务比率较多，通常使用的有销售净利率、资产净利率和净值报酬率。

（1）销售毛利率

销售毛利率，是指企业销售毛利（销售收入净额扣除销售成本后的余额）与销售收入净额之间的比率，揭示了企业销售商品或提供劳务的初始获利能力。该指标越高，说明企业销售成本占收入的比例越低，可用于弥补各项期间费用和形成利润的能力越强。计算公式如下：

销售毛利率=销售毛利÷销售收入净额×100%

=（销售收入净额−销售成本）÷销售收入净额×100%

（2）销售利润率

销售利润率，是指企业税前利润与销售收入净额之间的比率，反映企业每百元销售收入净额给企业带来的利润。该指标越高，就说明企业经营活动的获利能力越强。连续计算几年的销售利润率并加以比较，可以评价企业获利能力的发展趋势。其计算公式为：

销售利润率=利润总额÷销售收入净额×100%

（3）资本保值增值率

资本保值增值率，就是指期末所有者权益与期初所有者权益之间的比率。其计算公式为：

资本保值增值率=期末所有者权益总额+期初所有者权益总额×100%

当资本保值增值率等于 1 时，说明期末所有者权益不增不减，投资者的投资得到保值；当资本保值增值率大于1时，说明期末所有者权益增加，投资者的投资得到增值。在具体对该指标进行分析时，要从分子中扣除由于客观因素引起的所有者权益增加的数额，并考虑企业的利润分配情况和通货膨胀因素的影响。

（4）已获利息倍数

从债权人的角度来看，他们向企业投资时，除了计算上述资产负债率、审查企业借入资本占全部资本的比例外，还要计算已获利息倍数。利用这一比率，也可以测试债权人投入资本的风险。已获利息倍数指标是指企业经营业务收益与利息费用的比率，用来衡量偿付借款利息的能力，也叫利息保障倍数。其计算公式如下：

已获利息倍数=息税前利润÷利息费用

公式中的“息税前利润”是指利润表中未扣除利息费用和所得税之前的利润，可以用“利润总额”加“利息费用”来测算。因为我国现行利润表“利息费用”没有单列，而是混在“财务费用”之中，外部报表使用人只能用“利润总额”加“财务费用”来估计。

公式中的分母“利息费用”是指本期发生的全部应付利息，不但包括财务费用中的利息费用，还包括计入固定资产成本的资本化利息。资本化利息虽然未在利润表中扣除，但仍然是要偿还的。已获利息倍数的重点是衡量企业支付利息的能力，没有足够大的息税前利润，利息的支付就会发生困难。

已获利息倍数指标反映企业经营收益为所需支付的债务利息的多少倍。只要已获利息倍数足够大，企业就有充足的能力偿付利息，否则相反。那么，怎样合理确定企业的已获利息倍数？这就需要把该企业的这一指标与其他企业的，特别是与本行业平均水平进行比较，来分析决定本企业的指标水平。

结合这一指标，企业可以测算一下长期负债与营运资金的比率，该比率是用企业的长期债务与营运资金相除计算的。其计算公式如下：

长期债务与营运资金比率=长期负债÷（流动资产-流动负债）

通常情况下，长期债务不应超过营运资金。长期债务会随时间延续不断地转化为流动负债，并需要用流动资产来偿还。保持其债务不超过营运资金，就不会因这种转化而造成流动资产小于流动负债，从而使长期债权人和短期债权人都感到贷款有安全保障。

（5）主营业务利润率

主营业务利润率是主营业务利润与主营业务收入的百分比，其计算公式为：

主营业务利润率=主营业务利润÷主营业务收入×100%

主营业务利润率指标反映公司的主营业务获利水平，只有当公司主营业务突出，即主营业务利润率较高的情况下，才能在竞争中占据优势地位。

（6）普通股每股收益额

普通股每股收益额，指的是每股普通股可享有的净利润额。它直观地反映了企业经营活动成果中投资者所能取得的份额，也被称为每股盈余、每股利润等。其计算公式如下：

普通股每股收益额=（净收益-优先股股利）÷平均对外发行普通股股数

该比率不但反映了企业的获利能力，还直接反映了股东的获利能力。在美国等发达资本市场上，每股盈余已成为资本市场上十分重要的一项指标，它是影响股票价格的一个重要因素。在其他条件不变的前提下，该比率越大，说明企业的获利能力越强，股票市价相应越高。所以，这一指标成为股票市场比较企业业绩、股东比较各企业股票潜在价值的重要依据。

（7）市盈率

市盈率，也被称为价格与收益比率，指的是普通股每股市价与普通股每股收益额的比率。其计算公式如下：

市盈率=普通股每股市价÷普通股每股收益额

通常，市盈率越低，说明企业股票市价的上升潜力越大，对投资者的吸引力也就越大。在投资分析中，市盈率是用来判断股票是否有吸引力，用来测算股票发行价格是否合理的重要依据。市盈率的运用也要结合企业所处的行业、企业的其他指标等综合考虑。

第七章 账务处理程序

第一节　会计循环及账务处理程序

一、会计循环

会计循环，是指将填制和审核会计凭证、登记账簿、编制会计报表等会计核算工作过程中三个密切联系的基本环节，以一定的组织程序结合起来所构成的一个完整的会计工作体系。这种从经济业务的发生起，经过填制和审核会计凭证、登记账簿到编制会计报表为止的一系列会计处理程序，称为会计循环。

二、账务处理程序

（一）账务处理程序的含义

账务处理程序又称会计核算组织程序或会计核算形式，是指由各经济单位会计核算所采用的特定账簿组织而决定的记账程序，即会计循环的具体步骤。

不同的会计记账程序决定了会计主体对会计凭证、会计账簿和会计报表等的应用方法。即使业务相同，若会计主体采用的记账程序不同，则其所采用的会计凭证、会计账簿和会计报表在做法上也会有一定的区别。

（二）账务处理程序的种类

按照账务处理程序的设计要求，结合我国会计工作的实际情况，根据登记总分类账的依据不同，我国各经济单位一般采用的会计核算形式主要有以下六种：

①记账凭证账务处理程序。

②科目汇总表账务处理程序。

③汇总记账凭证账务处理程序。

④多栏式日记账账务处理程序。

⑤日记总账账务处理程序。

⑥通用日记账账务处理程序。

（三）账务处理程序的意义

科学、合理地选择账务处理程序，有利于提高会计核算工作效率和会计信息质量，增加会计信息的可靠性，充分发挥会计核算和监督的职能，为会计参与经营决策奠定基础。具体来说，制定和选择账务处理程序的意义有以下几个方面。

第一，有利于提高会计核算工作的效率和质量，以确保会计信息的及时性和有用性。

第二，有利于明确会计核算工作的分工协作上促进会计机构和会计人员按照不同的责任分工，有条不紊地处理好会计核算各个环节上的工作，保证会计信息加工过程的严密性。

第三，有利于减少不必要的会计核算环节，适当减少账簿数量和周转时间，节约会计核算工作的费用开支，保证会计信息的及时性。

第四，有利于会计职能作用的发挥，并加强对企业经济活动和财产物资的监督管理。

账务处理程序将会计凭证和会计账簿联系起来，不同的账务处理程序其会计凭证与会计账簿的联系方式不同。

（四）设计账务处理程序的基本要求

第一，应当与本单位生产经营管理的需要相适应，从而有利于会计的分工核算，建立岗位责任制。

第二，应当满足会计信息使用者决策的需要，正确、及时、完整地提供会计信息。

第三，应当尽可能简化核算程序，节约核算工作的人力、物力和财力，提高会计核算工作的效率。

第二节　记账凭证账务处理程序

一、记账凭证账务处理程序的含义

记账凭证账务处理程序，是指对单位发生的任何经济业务，先根据原始凭证或汇总原始凭证填制记账凭证，然后直接根据记账凭证逐笔登记总分类账的一种账务处理程序。账务处理程序包括账簿组织和记账程序。账簿组织是指会计凭证和会计账簿的种类、格式，会计凭证与账簿之间的联系方法；记账程序是指由填制、审核原始凭证到填制、审核记账凭证，登记记账、明细分类账和总分类账，编制会计报表的工作程序和方法等。

记账凭证账务处理程序是最基本的账务处理程序，并在此基础上发展产生了其他各种核算组织形式。

二、记账凭证账务处理程序的基本流程

①根据原始凭证或原始凭证汇总表编制收款凭证、付款凭证和转账凭证（采用通用记账凭证）。

②根据收款凭证、付款凭证逐笔序时登记库存现金日记账和银行存款日记账。

③根据原始凭证或原始凭证汇总表逐笔登记相关明细分类账。

④根据记账凭证逐笔登记总分类账。

⑤期末，根据对账的具体要求，将库存现金日记账、银行存款日记账和各种明细分类账的余额同有关总分类账的余额核对。

⑥期末，在各种日记账、明细账和总分类账核对相符的基础上，根据总分类账和明细分类账的有关资料编制会计报表。

三、记账凭证账务处理程序的优缺点及适用范围

（一）记账凭证账务处理程序的优缺点

记账凭证账务处理程序的优点是：会计核算过程简单明了，易于理解；总分类账根据各种记账凭证逐笔登记，因此可以较为详细地反映经济业务的具体内容。其缺点是：登记

总分类账的工作量比较大，且账页耗用较多，账页预留多少难以把握。

（二）记账凭证账务处理程序的适用范围

记账凭证账务处理程序一般适用于规模比较小、经济业务比较少的单位。该账务处理程序特别适宜实现了会计电算化的企业采用。此外，在手工记账下，若单位的经济业务较多，为了减少编制记账凭证和登记总分类账的工作量，应尽量将同类原始凭证汇总编制汇总原始凭证，然后根据汇总原始凭证填制记账凭证，并据以登记总分类账。

专用记账凭证包括收款凭证、付款凭证和转账凭证，其中，收款凭证和付款凭证是填制现金和银行存款日记账的依据；通用记账凭证格式统一，不分收付业务类型，统一按顺序填制记账凭证。

第三节　科目汇总表账务处理程序

一、科目汇总表账务处理程序的含义

科目汇总表账务处理程序又称记账凭证汇总表账务处理程序，是指根据一定时期的全部记账凭证定期编制科目汇总表，汇总计算每一个会计科目的借方和贷方本期发生额，然后根据科目汇总表登记总分类账的一种账务处理程序。

二、科目汇总表的编制

（一）科目汇总表的编制原则

科目汇总表又称记账凭证汇总表，其编制原则是根据一定时内的全部记账凭证，按相同会计科目进行归类，汇总计算其借方和贷方发生额。

（二）科目汇总表的编制方法

科目汇总表可根据单位业务量的大小，按一定数量的记账凭证进行汇总，每汇总一次编制一张科目汇总表。实际工作中，可每装订成册一本记账凭证汇总一次，并将科目汇总表附在每本凭证上，一个月可以有多次也可只有一次。还可以按旬（10 天）汇总一次，每月编制一张科目汇总表。

三、科目汇总表账务处理程序的基本流程

科目汇总表账务处理程序的基本流程。

①根据原始凭证或汇总原始凭证编制记账凭证。

②根据收款凭证、付款凭证逐笔登记现金日记账和银行存款日记账。

③根据原始凭证、汇总原始凭证和记账凭证逐笔登记各种明细账。

④根据各种记账凭证编制科目汇总表。

⑤根据科目汇总表登记相关总分类账。

⑥期末，现金日记账、银行存款日记账和各种明细账的余额同有关总分类账的余额核对相符。

⑦期末，根据总分类账和明细分类账的资料编制会计报表。

四、科目汇总表账务处理程序的优缺点及适用范围

（一）科目汇总表账务处理程序的优点

科目汇总表账务处理程序的优点是：根据科目汇总表登记总分类账，可以大幅度减少登记总账的工作量；编制科目汇总表还可以进行试算平衡，有利于保证总账登记的正确性。

（二）科目汇总表账务处理程序的缺点

科目汇总表账务处理程序的缺点是：科目汇总表只反映相关科目的本期借、贷方发生额，并按汇总的借、贷方发生额登记总分类账，不能反映账户的对应关系或经济业务的来龙去脉，不便于根据账簿记录查对账目。

（三）科目汇总表账务处理程序的适用范围

科目汇总表账务处理程序适用所有类型的企业，特别是经营规模较大、经济业务复杂、记账凭证较多的企业。

第四节　汇总记账凭证账务处理程序

一、汇总记账凭证账务处理程序的含义

汇总记账凭证账务处理程序，是指把记账凭证按收款凭证、付款凭证和转账凭证的借方或贷方科目设置，并按科目借方或贷方的对应科目进行汇总，分别编制汇总收款凭证、汇总付款凭证和汇总转账凭证，然后根据汇总记账凭证登记总分类账的一种账务处理程序。

科目汇总表是根据一定时期的全部记账凭证（可以为专用记账凭证，也可以为通用记账凭证），定期汇总计算每一个会计科目的借方和贷方本期发生额。汇总记账凭证（专用记账凭证），是指按收款凭证的借方、付款凭证的贷方和转账凭证的贷方科目设置，并按设置科目的对应科目进行汇总，分别编制汇总收款凭证、汇总付款凭证和汇总转账凭证。

二、汇总记账凭证的编制

（一）汇总收款凭证的编制

汇总收款凭证是按库存现金、银行存款科目借方设置，定期将这一期间内的全部库存现金、银行存款收款凭证，分别按与所设置科目相对应的贷方科目加以归类、汇总填制的一种汇总记账凭证。汇总收款凭证每月编制一张，月终时，结算出汇总收款凭证的合计数，记入“库存现金”或“银行存款”总分类账的借方，并根据汇总收款凭证上各贷方科目的合计数分别记入有关总分类账户的贷方。

因为汇总收款凭证是按借方科目设置，并按借方科目的对方科目汇总，为了便于编制汇总收款凭证，在日常编制收款凭证时，会计分录最好是一借一贷或一借多贷，不宜编制多借一贷或多借多贷的分录。

（二）汇总付款凭证的编制

汇总付款凭证是按库存现金、银行存款科目贷方设置，定期将这一期间内的全部库存现金、银行存款付款凭证，分别按与所设置科目相对应的借方科目加以归类、汇总填制的

一种汇总记账凭证。汇总付款凭证每月编制一张，月终时，结算出汇总付款凭证的合计数，记入“库存现金”或“银行存款”总分类账的贷方，并根据汇总付款凭证上各借方科目的合计数分别记入有关总分类账户的借方。

因为汇总付款凭证是按贷方科目设置，并按贷方科目的对方科目汇总，为了便于编制汇总付款凭证，在日常编制付款凭证时，会计分录最好是一借一贷或一贷多借，不宜编制一借多贷或多借多贷的分录。

（三）汇总转账凭证的编制

汇总转账凭证是按日常核算工作中所填制的转账凭证的贷方科目设置，并按它们对应的借方科目定期进行汇总，每月编制一张。

因为汇总转账凭证是按贷方科目设置，并按贷方科目的对方科目汇总，因此为便于编制汇总转账凭证，在日常编制转账凭证时，会计分录最好是一借一贷或一贷多借，不宜编制一借多贷或多借多贷的分录。

三、汇总记账凭证账务处理程序的基本流程

汇总记账凭证账务处理程序的基本流程：

①经济业务发生后，根据原始凭证或原始凭证汇总表编制收款凭证、付款凭证和转账凭证。

②根据收款凭证、付款凭证逐日逐笔登记库存现金日记账和银行存款日记账。

③根据收款凭证、付款凭证和转账凭证并参考原始凭证或原始凭证汇总表，登记各种明细分类账。

④根据各种专用记账凭证，定期编制汇总收款凭证、汇总付款凭证和汇总转账凭证。

⑤根据各种汇总记账凭证汇总登记总分类账。

⑥月末，将日记账、明细分类账的余额与总分类账中相应账户的余额进行核对。

⑦月末，根据总分类账和明细分类账的余额编制会计报表。

四、汇总记账凭证账务处理程序的优缺点及适用范围

（一）汇总记账凭证账务处理程序的优点

第一，汇总记账凭证按照会计科目的对应关系进行归类、汇总，能够清晰地反映有关

账户之间的对应关系，便于查对和分析账目。

第二，根据汇总记账凭证定期或月末一次性登记总分类账，大大减少了登记总分类账的工作量。

（二）汇总记账凭证账务处理程序的缺点

第一，经济业务发生后，先编制专用记账凭证，然后定期对记账凭证进行归类、汇总编制汇总记账凭证，当转账凭证较多时，编制汇总转账凭证的工作量较大。

第二，按每一贷方科目编制汇总转账凭证，不利于会计核算的日常分工。

第三，汇总记账凭证的编制程序比较烦琐，容易产生汇总错误，并且由于汇总记账凭证不能体现账户之间的平衡关系，因此难以发现相关错误。

（三）汇总记账凭证账务处理程序的适用范围

汇总记账凭证账务处理程序一般适用规模较大、经济业务较多，但转账业务较少的单位。

第五节　多栏式日记账账务处理程序

一、多栏式日记账账务处理程序的含义

多栏式日记账账务处理程序是指根据多栏式日记账（含部分转账凭证科目汇总表）登记总账的账务处理程序。

多栏式日记账账务处理程序必须设置多栏式现金日记账和多栏式银行存款日记账，月末根据多栏式现金日记账和多栏式银行存款日记账各栏的合计数登记有关总分类账；此外，转账业务可直接根据转账凭证登记总分类账，也可增设转账凭证科目汇总表，并据以登记总分类账。

二、根据多栏式日记账登记总分类账的方法

多栏式现金和银行存款日记账是根据收款凭证和付款凭证逐笔登记的，现金和银行存款日记账都按对应账户设置专栏，具有汇总收款凭证和汇总付款凭证的作用，月末可根据

各项记账合计栏的本月收付发生额和各专栏对应账户的发生额合计数计入相关总分类账户。

具体做法是，将多栏式现金日记账和银行存款日记账收入栏的本月发生额合计，记入现金（银行存款）总分类账户的借方，并将收入栏下各专栏对应账户的本月发生额合计数，记入相应总分类账户的贷方；将多栏式现金日记账和银行存款日记账支出栏的本月发生额合计，记入现金（银行存款）总分类账户的贷方，并将支出栏下各专栏对应账户的本月发生合计数，记入相应总分类账户的借方。

多栏式日记账根据收、付款凭证逐日逐笔登记，兼具汇总收、付款凭证的功能，而三栏式日记账只根据收、付款凭证逐日逐笔登记各项收、付款业务。

三、多栏式日记账账务处理程序的基本流程

①根据原始凭证或原始凭证汇总表填制专用记账凭证（收款凭证、付款凭证和转账凭证）。

②根据收款凭证和付款凭证逐笔登记多栏式现金日记账和银行存款日记账。

③根据原始凭证、原始凭证汇总表和记账凭证登记各种明细分类账。

④根据转账凭证定期汇总编制转账凭证科目汇总表。转账业务不多时可以不编制科目汇总表。

⑤月末，根据多栏式现金日记账、银行存款日记账及转账凭证科目汇总表（转账凭证）登记总分类账。

⑥月末，将各种明细分类账的余额合计数，分别与总分类账中有关账户的余额核对相符。

⑦月末，根据核对无误的总分类账和明细分类账编制会计报表。

四、多栏式日记账账务处理程序的优缺点和适用范围

（一）多栏式日记账账务处理程序的优点

第一，根据收款凭证和付款凭证登记多栏式日记账时，已按照对应的总分类账户进行了归类汇总，如此根据多栏式日记账登记总账的工作量大大减少。

第二，多栏式日记账列示的若干对应账户栏可反映货币资金的来龙去脉。

（二）多栏式日记账账务处理程序的缺点

第一，多栏式日记账和总分类账之间不存在核对关系，不利于实行会计内部牵制制度。

第二，与三栏式日记账相比，多栏式日记账登记工作量大，特别是单位业务较多时，多栏式日记账的专栏较多，账页势必较长，不便于登账和查阅。

（三）多栏式日记账账务处理程序的适用范围

多栏式日记账账务处理程序适用规模不是很大，收付业务较多、转账业务较少的单位。

第六节　日记总账账务处理程序

一、日记总账账务处理程序的含义

日记总账账务处理程序，是指设置日记总账，然后根据经济业务发生后填制的记账凭证直接逐日逐笔登记日记总账，并定期编制会计报表的账务处理程序。

二、日记总账的格式与登记方法

日记总账既要根据经济业务发生的时间先后顺序登记，又要将所有科目的总分类核算都集中到一张账页上，既是日记账也是总分类账，是一种兼具序时账簿和分类账簿两种功能的联合账簿。

日记总账的账页一般为多栏式，即将经济业务发生后可能涉及的所有会计账户，分设专栏列示在同一张账页上，每一账户又分设借方和贷方两栏，对所有发生的经济业务逐日逐笔分类登记。每笔经济业务发生时，将业务金额分别登记到相关总分类账户的借方和贷方栏内，并将该笔业务的总金额记入日记总账的“发生额”栏内。

三、日记总账账务处理程序的基本流程

①根据原始凭证或原始凭证汇总表填制各种专用记账凭证（收款凭证、付款凭证和转

账凭证)。

②根据收款凭证和付款凭证逐日逐笔登记现金日记账和银行存款日记账。

③根据原始凭证、原始凭证汇总表和各种专用记账凭证登记各种明细分类账。

④根据各种专用记账凭证登记日记总账。

⑤月末，将各种明细分类账的余额合计数、各种日记账余额，分别与日记总账中有关账户的余额核对相符。

⑥月末，根据核对无误的日记总账和明细分类账编制会计报表。

四、日记总账账务处理程序的优缺点及适用范围

(一) 日记总账账务处理程序的优点

第一，简化核算手续。在日记总账财务处理程序下，日记总账融合日记账和总分类账的特点，直接根据各种专用凭证登记日记总账，并将所有会计科目集中在一张账页上，不用分设账簿，从而简化核算手续，易于操作。

第二，日记总账能够清晰地反映各账户之间的对应关系，便于与明细账核对。在日记总账账务处理程序下，经济业务发生后，在同一行的相关会计科目栏进行登记，可以集中反映经济业务的全貌，反映账户间的对应关系，便于与各种明细分类账之间进行核对。

(二) 日记总账账务处理程序的缺点

第一，登记日记总账的工作量较大。在日记总账账务处理程序下，对于发生的经济业务要根据各种专用记账凭证逐日逐笔登记到日记总账，工作量较大。

第二，不便于会计分工和查阅。若企业的业务复杂，需设置较多的会计科目，则日记总账的账页篇幅势必过大，不便于记账和查阅，并且登记时容易串行；若会计人员较多，也不便于业务分工。

(三) 日记总账账务处理程序的适用范围

基于以上特点，日记总账账务处理程序一般只适用规模小、业务量少、经济业务简单、使用会计科目不多的经济单位。

第七节　通用日记账账务处理程序

一、通用日记账账务处理程序的含义

通用日记账账务处理程序又称普通日记账账务处理程序，是指根据经济业务所涉及的会计科目，以分录的形式记入日记账，并根据日记账中的会计分录登记总分类账的账务处理程序。

企业采用通用日记账账务处理程序，不需要设置记账凭证，而需要设置通用日记账、现金和银行存款日记账，以及其他各种分类账。

通用日记账类似于家庭的流水账，不同之处是通用日记账通过会计账户体现业务内容。

二、通用日记账的编制方法

经济业务发生后，将经济业务发生的时间及关于经济业务的主要说明记入通用日记账，并以会计分录的形式反映该项经济业务。

三、通用日记账账务处理程序的基本流程

①根据同类经济业务的原始凭证编制汇总原始凭证。

②根据原始凭证或汇总原始凭证填制通用日记账。

③根据通用日记账逐日逐笔登记现金日记账和银行存款日记账。

④根据原始凭证、汇总原始凭证和通用日记账逐笔登记有关的明细分类账。

⑤根据通用日记账登记总分类账。

⑥期末，将总分类账各账户余额与相关明细分类账、现金日记账和银行存款日记账核对相符。

⑦期末，根据核对无误的总分类账和明细分类账编制会计报表。

四、通用日记账账务处理程序的优缺点及适用范围

（一）通用日记账账务处理程序的优点

通用日记账采用表列的方式将经济业务以会计分录的格式进行记录，通过一本通用日记账反映会计主体在一定会计期间的全部经济业务，对经济业务内容的反映更为直观和集中，便于按经济业务发生的先后顺序核对和查阅资料，且便于计算机操作。

（二）通用日记账账务处理程序的缺点

通用日记账账务处理程序不便于手工操作，不便于将原始凭证随同该业务的会计分录进行保管，也不利于会计分工，并且根据通用日记账登记总分类账的工作量较大。

（三）通用日记账账务处理程序的适用范围

通用日记账账务处理程序一般适用实行电算化进行会计处理的单位。在通用日记账账务处理程序下，单位必须建立严格的原始凭证和通用日记账的保管制度，按通用日记账所记录的会计分录编号，对其原始凭证按编号归档保管。

第八章／会计的信息化发展

第一节　会计信息化概述

所谓信息化，是指对现代信息技术、信息资源进行的开发、利用，构建先进的信息基础设施，对信息资源进行优化配置，从而推进信息资源的整合与传播。当前，信息化已经成为我国经济发展工作的一个重要层面，并且在各行各业都得到了广泛的推广。同样，会计领域也迎接着信息化的浪潮。

所谓会计信息化，即通过运用信息技术，对会计数据展开收集、加工并传输与储存，从而为企业的经济运行与相关决策进行实时的、充足的、全面的信息服务。简单来说，会计信息化是网络技术、计算机技术、大数据技术、人工智能技术等在会计领域的运用，是会计的发展趋势。本节就对会计信息化的相关知识展开分析。

一、会计信息系统

会计信息系统（Accounting Information System）是企业管理信息系统中的一个重要子系统，它是以提供会计信息为目的，采用现代信息处理技术，对会计信息进行采集、存储、处理及传送，完成会计反映、控制职能的系统。

在整个企业管理信息系统中，会计信息处于核心地位，从会计信息的收集、会计信息的处理到会计信息的输出，最终传递给决策者和使用者，都是一个信息流动的过程。而在这个过程中，伴随着对企业经营活动的管理与控制。

（一）会计信息的收集

会计数据是指在会计工作中，从不同来源、不同渠道获得的、记录在“单、证、账、表”上的各种原始会计资料。会计数据的来源广泛，既有企业内部生产经营活动产生的，也有企业外部与企业相关的各种经济活动产生的各种资料。会计数据的数量繁多，不光是指每个会计期间需要处理的数据量大，更重要的是会计数据是一种随着企业生产经营活动的持续进行，而源源不断产生并需要进行处理的数据。

会计信息是指会计数据经过加工处理后产生的，为会计管理和企业管理所需要的经济信息。它包括反映过去所发生的财务信息，即有关资金的取得、分配与使用的信息，如资产负债表等；管理所需要的定向信息，如各种财务分析报表，对未来具有预测作用的决策信息，如年度计划等。会计通过信息的提供与使用来反映过去的经济活动，控制目前的经济运行，预测未来的经济发展。

会计信息的收集，实际上是根据会计工作的目的汇集原始会计数据的过程。随着信息技术的发展，现代的会计信息收集已成为管理信息系统的一部分，会计信息收集不再局限会计核算方面，而更多地趋向会计管理、经营决策等多方面。

（二）会计信息的处理

会计信息的处理从手工处理发展到利用计算机、网络等信息技术处理，是会计操作技术和信息处理方式的重大变革。这种变革对会计理论和会计实务提出了一系列的新课题，在推动会计自身发展和变革的同时，也促进会计信息化的进一步发展。

现代会计信息处理是指应用信息技术对会计数据进行输入、处理和输出的过程，主要表现为用计算机代替人工记账、算账和报账，以及替代部分在手工环境下由人脑完成的对会计信息的分析、判断。现代会计信息处理不仅引起了会计系统内在的变化，强化了系统的能力，同时也提高了会计工作和会计信息的质量。现代会计信息处理的特点如下。

第一，以计算机为计算工具，数据处理代码化、速度快、精度高。通过计算机代替人工来记录和处理数据，对系统原始数据采用编码的方式，以压缩数据项的长度，减少数据占用的存储空间，从而提高了会计数据处理的速度和精度。

第二，数据处理人机结合，系统内部控制程序化、复杂化。现代会计信息处理虽然以计算机为计算工具，但整个信息处理过程仍为计算机与人工的结合。计算机对数据的处理是通过程序来进行的，系统内部控制方式均要求程序化，如采用密码控制程序对操作权限进行限制，采用校验程序验证借贷金额是否平衡等。同时，期末账项调整和结账均可自动进行，并在相应工作完成后自动生成各种转账凭证。

由于数据处理的人机结合和系统内部控制的程序化，使得系统控制复杂化。其控制点由对人的控制转到对人机两方面的控制，控制的内容涉及人员分工、职能分离和计算机系统的维护，以及会计信息、会计档案的保存和保管。

第三，数据处理自动化，账务处理一体化。现代会计信息处理过程分为输入、处理和输出三个环节。将分散各个核算岗位的会计数据收集后输入计算机，计算机对输入数据自动进行记账、转账和报表编制处理，查询打印输出各类账表。

第四，信息处理规范化，会计档案存储电子化。现代会计信息处理要求建立规范化的会计基础工作，会计数据处理严格按程序规范化进行。在会计信息系统中，各种会计数据以文件的形式组织并存储在计算机的存储器中，存储介质成为保存会计信息和会计档案的主要载体。

第五，增强系统的预测和辅助决策功能。充分利用计算机的处理功能，在系统分析、设计与开发中充分运用数学模型、运筹学、决策论等方法，可以极大地增强会计信息系统的预测和辅助决策功能。

（三）会计信息的输出

一个完整的会计处理系统，不仅需要有灵活、方便、正确的输入方式和功能齐全的数据处理功能，还必须提供一个完善方便的输出系统。

会计信息系统的输出方式包括显示输出、打印输出和文件输出。显示输出的特点是速度快、成本低，但输出的会计数据的应用者局限在会计信息系统内部，不易交流。打印输出的特点是速度慢、成本高，适用输出必须打印的情况。文件输出的特点是速度快，成本较低，易于转换，但不直观，存储介质易受损坏，安全性较差。

随着声音、图像等多媒体技术的应用，会计数据的表现形式将越来越丰富，同时，随着对会计信息系统数据接口的标准化，文件输出将越来越重要。如记账凭证、会计账簿等，可以文件的形式存储在存储介质中，需要时可调用会计软件的显示输出功能进行查询或者打印。

二、会计电算化与会计信息化

（一）会计电算化

它是指将电子计算机技术应用到会计业务处理工作中，用计算机来辅助会计核算和管理，通过会计软件指挥计算机替代手工完成或手工很难完成的会计工作，即电子计算机在会计中应用的代名词。与此相近或同义的还有计算机会计、EDP 会计、会计信息系统、计算机会计信息系统、会计电算化系统、会计信息化等。在这些概念的应用中，有时会有一定的特指，体现出一些差异。

会计电算化的概念，广义上是指与实现会计工作电算化有关的所有工作，包括会计电算化软件的开发和应用，会计电算化人才的培训，会计电算化的宏观规划，会计电算化的制度建设，会计电算化软件市场的培育与发展等。

会计电算化在我国已经走过了几十年历程，取得了较大成效，包括企业实施会计电算化的数量逐步上升，商品化通用会计软件产业的形成以及政府管理机构宏观管理和调控作用的发挥等，无不体现了会计电算化带来的新思想、新方法、新作用，使会计工作的作用得到了很大的加强，其地位也得到了很大的提高。

（二）会计信息化

会计信息化是指采用现代信息技术，对传统的会计模型进行重构，并在重构的现代会计基础上，建立信息技术与会计学科高度融合的、充分开放的现代会计信息系统。这种会计信息系统将全面运用现代信息技术，通过网络系统，使业务处理高度自动化，信息高度共享，能够进行主动和实时报告会计信息。它不仅是信息技术运用于会计上的变革，它更代表的是一种与现代信息技术环境相适应的新兴会计思想。

（三）会计电算化与会计信息化的区别

1. 目标

会计电算化是实现会计核算业务的计算机处理，会计信息化是实现会计业务全面信息化，充分发挥会计在企业管理中的核心作用，与企业管理和整个社会构成一个有机的信息系统。

2. 理论基础

会计电算化是以传统会计理论和计算机技术为基础的，而会计信息化的理论基础还包含信息技术、系统论和信息化论等现代技术手段和管理思想。

3. 技术手段

过去的电算化以计算机为主，现在的信息化以计算机网络和通信等现代技术为主。20世纪80年代初的会计电算化，少数企业才建有局域网，还不存在互联网，会计信息系统处于与外界隔离的状态。

4. 功能范围

会计电算化以实现业务核算为主，会计信息化不仅进行业务核算，还进行会计信息管理和决策分析，并能够根据信息管理的原理和信息技术重组会计信息处理的流程。

5. 信息输入输出方式

信息输入方面，会计电算化强调由会计部门人员输入，而在会计信息化下，大量的数据可以从企业内外其他系统中直接获取；信息输出方面，会计电算化强调由财务部门人员打印输出，并且报送其他机构。而在会计信息化下，企业内外的各个机构、部门都可以根据授权直接从系统当中或从互联网上直接获取财务信息。

在实际应用过程中，目前往往把会计电算化和会计信息化混用，只是在特定情况下才予以区分。

三、会计信息化的基本目标

会计信息化的目标，就是通过实施会计信息化后应该达到的目的，即通过信息化的手段，达到提高工作效率，提供更全面、更准确的信息，为管理决策服务的目标，从而促进管理水平的提高，获取更高的经济效益。其基本目标主要有以下几个方面。

（一）减轻会计人员工作强度，提高工作效率

利用计算机技术，把繁杂的记账、算账、结账工作交给高速的计算机处理，从而减轻会计人员的工作强度。同时会计软件具有很高的精确性和逻辑判断能力，可以避免手工操作产生的误差，以达到提高工作效率的目的。

（二）促进会计职能的转变

在手工情况下，会计人员长期处于繁重的手工核算工作中，没有时间和精力更多地参与企业的管理、决策。实施会计信息系统后，会计人员便从繁重的手工操作中解放了出来，有了时间和精力，也就有条件参与企业管理与决策，为提高企业现代化管理水平和提高经济效益服务。

（三）准确、及时地提供会计信息

手工条件下，由于大量会计信息需要进行记录、加工、整理，会计信息的提供速度较慢，也难以全面提供管理所需要的信息，在一定程度上影响了经营决策工作。实施会计信

息系统后，大量的信息都可以及时记录、汇总、分析，甚至实现实时跨地域传送，向企业管理者、股东等有关方面提供准确、及时的会计信息。

（四）提高人员素质，提升会计管理水平

会计工作的信息化给会计工作增添了新内容，从而要求会计人员提高自身素质，更新知识结构。第一，必须掌握会计信息化的有关知识。第二，为了参与企业管理，会计人员要更多地学习经营管理知识。第三，实现会计信息化后，会计工作便由会计软件系统和会计人员共同完成，这样强化了会计规范化工作，从而提升了会计工作的管理水平。

（五）实现企业管理信息化，提高企业经济效益

会计是价值管理的主要手段，处理的信息量大，要求快捷准确。在手工记账下，会计人员将大量精力主要用于数据处理中，参与管理工作受到了极大的限制。实施会计信息化的目的之一就是使广大会计人员从繁重的手工操作中解脱出来，减轻劳动强度。而实施会计信息化的根本目的则是通过核算手段和会计管理决策手段的现代化，提高会计信息收集、整理、传输、反馈的及时性和准确度，提高会计的分析决策能力，更好地满足管理的需要，提供管理所需的会计信息，从而更好地发挥会计参与管理、参与决策的职能，为提高现代化管理水平和提高经济效益服务。由此，应认识到两点：①满足管理的需要，为管理服务，提高经济效益是一切实施会计信息化工作的出发点，是会计信息化的核心；②实施会计信息化不是单纯的数据搬家，是按管理的需要对会计工作的改革与发展，是会计管理工作的一个飞跃。

会计信息化是企业管理信息化的重要组成部分。企业管理信息化的目标和任务，就是要以现代化的方法去管理企业，提高经济效益。因而，实施会计信息化不仅要使会计工作本身现代化，最终目标是要使企业管理信息化，达到提高企业经济效益的目的。

四、现代信息技术对会计工作的影响

现代信息技术是扩展人类信息器官功能的技术统称。信息技术包括感测技术、通信技术和计算机技术。感测技术扩展人类感觉器官的功能主要指信息的识别、检测、提取、变换，其目的是高精度、高效率地实时采集各种形式的信息。通信技术延伸了人的信息传输系统的功能，主要指信息的发送、传输以及接收的技术，其目的是高效、全真传递和交换各种形式的信息。计算机技术扩展了人类思维器官的功能，主要用于信息的数字化输入、

存储、处理、分析、检索和输出。

现代信息技术在会计领域的应用及其迅速发展，使得会计系统能够以全新的处理方式对会计数据进行收集、加工、处理和存储，这样一来，许多在手工程序中无法解决或者解决过程相当烦琐的会计问题在计算机环境中迎刃而解，同时信息技术也给会计学科带来深刻的影响，不仅表现在数据处理工具和信息载体的巨大变革上，还表现为对会计核算方法、会计理论等方面的巨大冲击与挑战。

（一）会计行业面临的重大挑战

社会的发展，市场竞争的加剧，信息技术在非会计领域的成功应用，企业数据库的不断完善，使得会计行业面临重大挑战。目前，会计工作的流程与数据处理是基于手工处理环境下的，会计数据单调、反映面窄，传统会计报表简单，详尽性、及时性差，会计系统所提供的信息质量远远不能满足管理的需要。会计系统如果不根据企业管理发展的需要重新整合，那么会计工作将不能满足管理的需要。

（二）会计职能的发展与变革

会计职能是会计目标的具体化，会计的基本职能是反映和控制。现代信息技术对会计的两大基本职能将产生重大的影响。

从会计反映的职能上看，现代信息技术条件下，由于计算机处理环境的网络化和电子交易形式的出现，建立基于计算机网络的会计信息处理系统已成为现实。在这种会计信息处理系统中，企业发生的各项经济业务都能自动地从企业的内部和外部采集相关的会计核算资料，进行实时反映。

从会计控制的职能上看，由于会计信息化实现了实时自动处理，因此，会计的监督和参与经营决策职能将显得更为重要。会计监督职能主要是监督自动处理系统的过程和结果，监督国家财经法规和国家统一会计制度的执行情况，通过网络对企业经济活动进行远程和实时监控。会计的参与经营决策职能主要是通过建立一个完善的、功能强大的预测决策支持系统来实现。

（三）对会计理论体系的影响

现代信息技术的发展，使传统的企业组织形式、会计基础理论体系等都遭受了前所未有的冲击和挑战。信息技术对传统会计理论与实务的影响表现在以下几个方面。

1. 对会计理论基础的挑战

对会计核算的理论前提——四个基本假设提出了质疑。

会计主体："虚拟企业"的出现，企业对会计信息的多元化需求，使传统会计主体的概念大大延伸。

持续经营：网络"虚拟公司"为了完成一个目标，可在短时间内组建起来，而在完成目标任务后便解体。

会计分期假设：会计信息的实时性可以及时产生所需的数据（如"产品日成本""日报表"），不受会计期间的任何限制。

货币计量：经济社会的一体化、数字化、网络化，电子商务中电子货币的出现，会计职能由"核算型"向"管理型"的转变，使会计系统能够采集和提供货币与相关非货币形态的信息。

2. 收集会计信息的变化

收集信息方式多种：手工编制的凭证；其他业务子系统（如生产部门、人力资源部门）对业务（入库单、工资表）处理后，自动编制的机制凭证；账务处理子系统定期（月、年）对固定业务（如计提折旧、结转损益）产生的机制凭证。

收集信息内容不同：可以通过对各个部门的信息接口转换和接收信息，以及现代化工具（如扫描仪、电子笔、传感器、脉冲信号式数据采集装置）的应用，使系统收集信息的深度和广度成为可能，其内容包括货币形态的与非货币形态的信息、历史的或未来的信息。

3. 记账规则的变化

利用同一基础数据便可实现会计信息的多元重组，消除了信息处理过程中诸多分类与再分类的技术环节。在手工条件下的所谓日记账、总账、明细账、辅助账的配置已失去其存在的意义，与之采用的根据记账凭证汇总表登记总账、平行登记、错账更正（画线更正法、红字更正法）、结账、对账、试算平衡等记账规则（技术方法）重要性也将逐渐降低或被新方法替代。

4. 会计核算形式的变化

会计系统可以根据需要从数据库中生成各种形式和内容的账簿，传统会计为减少登账工作量而建立的各种会计核算形式的作用将减弱，在会计信息化下多种模式均可实现。

5. 会计核算方法的变化

可以充分利用计算机的运算和存储能力，在执行主体认定的计算方法的同时，根据需要也可选用其他备选方法进行运算，从而比较和分析不同核算方法的差异。

6. 账簿体系的变化

账簿组织过程不同：账簿只不过是根据记账凭证数据库按会计科目进行归类、统计的中间结果。账簿外观形式不同：突破了传统会计的分类界限，根据需要，任何一个会计科目均可以生成日记账、三栏账或多栏账、虚拟账、图表账。受打印限制，不能打印订本式账簿，因而所有账页均采用活页式。

7. 会计信息交换方式的变化

传统的会计信息交换方式主要以纸介质为主，当前已呈现出与企业管理信息系统一体化、网络化、远程通信化的趋势。这种交换方式使会计信息的传递更加迅速、安全、准确、直观，传递通道更宽，为系统实施实时控制，实现由“核算型”向“管理型”的战略转移提供了先决条件。

8. 财务会计报告的变化

不同的报表使用者对会计信息的关注点不同，投资人关注企业目前的财务状况和经营成果，潜在投资人更关心企业未来的投资收益，经营者侧重的是政府的有关政策和同行业其他企业的相关收入、成本等信息。这便对传统财务会计报告模式提出了挑战，财务会计报告有以下新的要求：①提供分部报告。对于一家大型企业或跨国公司而言，由于不同地区、不同行业的子公司所面临的机会和风险不同，要求提供分部报告。②提供多元计价报告，以满足企业同时提供现行成本和历史成本信息的要求。③提供定期与实时相结合的报告。面临一个产品生命周期不断缩短、竞争日趋激烈、创新不断加速、经营活动不确定性日益显著的时代，如果我们还按月、按年编制月报、年报，则不能满足企业决策的需要，必须建立一套能提供实时信息的财务报告制度。一方面，定期的报告仍将存在，作为财务成果分配的依据；另一方面，随时提供实时报告，作为决策的依据。

9. 企业内部控制的变化

计算机信息处理的集中性、自动性，使传统职权分割的控制作用近乎消失，信息载体的改变及其共享程度的提高，又使手工系统以记账规则为核心的控制体系失效。企业内部控制的主要方法有以下两个方面。

①制度控制，包括组织控制、计划控制、硬件控制、软件维护控制、文档控制等。操作人员使用权限的控制，对进入系统的操作人员按其不同职能，通过设置相应密码，进行分级控制管理。

②程序控制，包括会计信息处理过程中的输入控制、处理控制、输出控制、预留审计线索等。

10. 会计工作组织体制变化

在手工会计中，会计工作组织体制以会计事务的不同性质作为主要依据。一般手工会计中划分以下专业组：材料组、成本组、工资组、资金组、综合组等，它们之间通过信息资料传递交换、建立联系，相互稽核牵制，使会计工作正常运行。操作方式是对数据分散收集、分散处理、重复记录。

会计信息化后，会计工作的组织体制以数据的不同形式作为主要依据。操作方式是集中收集、统一处理、数据共享，使会计信息的提取、应用更适应现代化管理的要求。

11. 会计职能的变化

会计工作由传统的事后核算向事中控制、事前预测决策的方向发展，会计职能由核算型向管理型转移。

12. 会计人员素质的变化

会计人员不仅要具有会计、管理和决策方面的知识，还应具有较强的计算机应用能力，能利用信息技术实现对信息系统及其资源的分析和评价。

（四）对会计实务的变革

现代信息技术的应用，改变了会计人员的处理工具和手段。由于大量的会计反映（核算）工作实现了自动化处理，会计人员的工作重点将从事中记账算账、事后报账转向事先预测、规划，事中监督控制，事后分析、决策的管理模式。

传统的会计语言和企业会计文化将发生质的变化，会计语言中的一些词汇（记账凭证、账簿、报表等）的作用将逐渐淡化。

由于企业管理全面信息化的实现，使会计信息源和信息表示结构由一元化走向多元化。即会计工作中的最终信息将直接来源于各种业务过程，记账凭证作为手工环境下重要实体的作用将逐步减少。

网络和数据库技术的发展和应用，使各级管理者和投资者可以实时地通过企业网站访问存储于会计信息系统中的共享信息。因此，代替凭证、账簿、报表的将是原始信息、操作信息、分析决策信息等；而信息的收集、存储、传递、处理、加工、打印等，将代替传统会计中制作凭证、记账、结账、编制报表等环节。

会计实务的重点将由原来的编制凭证、记账、结账、编制报表等，转向收集信息、存储信息、加工信息、传递信息、查询信息等。

（五）会计观念需要不断创新和思考

面对现代信息技术的飞速发展，我们不应只是被动地接受或继承传统的思维方式和规则，而应积极主动地迎接未来的挑战。现在的社会经济环境、企业组织方式、企业规模等已经发生了重大变化。会计行业对如何提供信息需要有更加创新的视角。

企业除了追求营业利润外，更多的是要关注自身产品的市场占有率、人力资源的开发和使用情况，以及保持良好的社会形象。同时，知识经济拓展了企业经济资源的范围，使企业资源趋于多元化。人力资源将成为资产的重要组成部分，并为企业所拥有及控制，为企业提供未来经济效益。

因此，会计工作必须树立增值观念，将增值作为企业经营的主要目的，定期编制增值表，反映企业增值的情况及其在企业内外各受益主体之间的分配情况。而资产应当包括人力资产和物力资产两部分。

在信息时代，信息传播、处理和反馈的速度大大加快，产品生命周期不断缩短，市场竞争日趋激烈，企业的经营风险明显加大，因此，会计工作还要树立风险观念。

会计工作既是一种生成信息、供应信息的工作，也是一种利用信息参与管理的工作。企业管理的信息化也对财会人员提出了更高的要求，一个企业如何进行会计核算，如何推进会计及企业管理的信息化，又如何利用信息化的手段提高企业市场竞争力，实现管理创新，正成为财会人员面临的难题。

（六）现代信息技术将推动会计信息化的不断发展

目前，国内建立的会计信息系统基本上都是用于处理已发生的会计业务，反映和提供已完成的经营活动的信息。然而，现代经济活动的复杂性、多样性和瞬时性对管理者提出了更高的要求。每一个管理者都需要依靠科学预测来做出决策，而管理者的决策方式已从经验决策方式转向科学决策方式，应加强智能型会计决策支持系统的开发与应用，会计决策支持系统是综合应用运筹学、管理学、会计学、数据库技术、人工智能、系统论和决策理论等多门学科构建的。

现代信息技术的飞速发展，会计信息化将向模拟人的智能方向发展。系统将会有听觉、视觉、触觉等功能，能模拟人的思维推理能力，具有思考、推理和自动适应环境变化的功能。企业集团可以利用数据库与网络，建立跨会计主体和跨地域的集团会计信息化，实现“数据大集中、管理大集权”的目标，与会计工作方法的创新相适应。

五、对开展会计信息化工作的正确认识

（一）会计核算是信息化工作的基础

开展会计信息化工作的最终目标是为管理、决策服务，达到这个目标的手段无外乎以下几个方面：一是利用计算机计算准确、处理数据量大的特点处理会计业务，从而更全面、更准确地提供管理、决策所需的财务信息；二是利用计算机处理数据速度快的特点处理会计业务，从而更快捷地提供各种管理、决策所需的财务信息；三是利用计算机能快速分类整理数据的优势，按管理的需要，对会计核算数据进行各种加工、处理，从而筛选出管理所需的信息；四是使会计人员从繁杂的手工核算工作中解脱出来，利用他们懂财务、了解情况的优势使其参与分析、参与管理、参与决策。要达到这四个方面的要求，首先就要实现会计核算工作的信息化，会计核算工作的信息化是实施会计信息化工作的基础。

（二）会计信息化是一项循序渐进的工作

会计信息化工作是一项系统工程。在开展这项工作之前，就需要做好各种规划工作，考虑到问题的方方面面，做好各项安排，为会计信息化工作的全面开展，为实现全面信息化打下基础。

（三）会计信息化是一项系统工程

实施会计信息化，涉及具体的会计管理工作、会计软件、计算机和操作使用人员，它是涉及方方面面的一项系统工程。

第一，实施会计信息化不仅包括建立会计信息系统的过程，还包括系统的使用、维护、管理以及其他有关的信息化工作，如计算机审计、会计信息化宏观管理等。从宏观到微观，各项会计信息化工作都是相互联系的；无论是宏观的会计信息化管理，还是微观的单位会计信息化工作，各项工作都是紧密联系在一起的，而且需要有步骤、有计划地进行。

第二，会计信息化是企业整个管理系统信息化的组成部分，会计信息系统是整个管理信息系统的子系统。会计部门的信息化工作与其他部门的信息化工作是有机地联系在一起的，会计信息化工作的开展应搞好与其他部门的协调工作，使会计信息化成为整个管理信

息系统的有机组成部分。

第三，会计工作本身是一个相对独立的信息系统，各项会计业务之间是有机联系在一起的。开展一项会计业务的信息化工作，应考虑到与其他业务的关系，对其他会计业务的影响，为全面开展会计信息化工作打下基础，为最终形成一个完整的会计信息化铺下基石。

（四）实施会计信息化后，重要的是系统的应用工作

会计信息化的最终目的是利用计算机更好地完成会计工作的任务，提高会计信息收集、整理、反馈的灵敏度与准确度，更好地发挥会计参与管理的职能，为提高管理水平和经济效益服务。因此，会计信息系统的建立仅仅是会计信息化工作的开始，更重要的是在系统建立后的组织管理、系统的运行和维护等工作。这些工作是直接为达到会计信息化目标服务的，是长期实现会计信息化目标的保证，是实现会计信息化后会计的本职工作。

六、我国会计信息化的发展过程

会计是管理的重要组成部分，它以货币为计量单位，应用一套自身特有的方法，从价值方面对生产经营活动进行反映和监督。因此，在会计工作中，通过采集、传输和存储取得大量的数据，并对此分类、汇总，进行系统处理，为经营管理提供有用的信息。在历史上，随着生产的发展和生产规模的逐步社会化，会计也随之发展变化。经人们长期实践，会计逐步由简单到复杂，至今已形成一套完整的体系。与此同时，会计数据处理的技术也在不断地发展变化，经历了手工操作、机械化和信息化几个阶段，逐步形成了一门独立的新兴科学，在会计工作中发挥着不可估量的作用。

七、会计信息化的巨大意义

（一）对传统会计的意义

1. 对会计理论来说

（1）对会计目标的意义

在会计信息化时代，会计的目标仍然是向信息使用者提供决策有用的会计信息。但在网络与经济高速发展的今天，在信息技术如数据库技术、人工智能技术、网络通信技术的支撑下会计信息处理将实现自动化、网络化、系统化，使预测与决策变得更容易、准确。

然而，这种发展并未改变原有目标，相反它促进了传统会计目标的实现。

（2）对会计前提的意义

信息化对会计前提的影响主要包括会计主体、持续经营、会计分期等。在信息化条件下，网络技术的发展和普及不仅为会计信息的传播提供了条件，而且使企业的组织形态、经营方式等方面呈现外在的不确定虚拟化状态。网络交易的发展，导致会计主体界限越来越模糊，“网上公司”的外部虚拟化常常掩盖了其发生真正交易或事项的行为，经营活动常呈现短暂性，对持续经营的前提同样造成了影响，而且网络技术为使用者随时了解企业的财务状况、经营业绩提供了可能，因此会计期间在网络环境下可以进一步细分乃至按信息使用者的要求确定。

（3）对会计信息质量的意义

企业会计信息质量的基本特点包含及时性、相关性、可靠性等。在信息化环境下，随着现代信息技术的充分应用，会计核算的自动化使得会计工作的效率大幅提高，增强了及时性。会计信息和业务信息的整合集成，信息高度共享，增强了相关性。而网络财务报告、计算机审计等技术的发展，也使会计信息的可靠性得以提升。

2. 对会计实务来说

（1）对会计核算方法的意义

由于传统的会计核算系统比较复杂，使在计量方法的选择上，更多的企业主要考虑的是核算方便，而非方法本身的科学性与合理性，与此同时，在抄写凭证报表数据时也会浪费大量的人力资源。在信息化的环境下，会计系统是一个实时处理、高度自动化的系统，会计处理流程将运用集成化的会计软件，可以与业务处理流程实现无缝链接和实时处理，利用计算机可以采用手工条件下不愿采用甚至无法采用的复杂、精确的计量方法，从而使会计核算工作做得更细、更深。

（2）对会计分析方法的意义

在信息化环境下，现代信息技术能将社会经济活动的细节进行精确的记录、保存和传播，会计人员可以通过计算机分析会计信息，从中发现企业生产经营过程中的问题，对客观经营活动进行调节、指导、控制，减少资源浪费。通过分析用户的信息需求，会计人员不但可以制定有关的信息管理、储存和报告的规则，还可以制定在信息处理过程中用到的相关模型和方法等，并将这些结果经过信息系统的处理后传递给相应的用户。除此之外，还可以结合用户的实际需求，将数据加工成更为个性化的会计信息。

（3）对会计检查的意义

会计检查是对经济活动和财务收支所进行的一种事后监督，是会计核算和会计分析的必要补充。随着现代信息技术的普遍应用，企业可以实现对会计信息处理的自动化，简化工作流程，从而更加便于管理。各个管理、生产组织部门的数据信息都将通过网络直接进入会计处理系统，而对于企业的每个职工来说，既是会计信息的生产者也是会计信息的使用者，可以对企业的会计信息进行检查和监督。并且，企业的管理者也可以通过网络技术对企业的生产经营和会计处理过程进行科学的管理，及时发现存在的问题，并且采取有效的措施加以解决。

3. 对会计工作环境来说

（1）对会计人员的意义

从表面上来看，会计的信息化只不过是将信息技术应用于会计核算工作中，减轻会计人员的工作负担，提高会计核算的速度和精度，以计算机替代人工记账。实际上，信息化绝不仅是核算工具和核算方法的改进，而必然会引起会计工作组织和人员分工的改变，促进会计人员素质和知识结构、会计工作效率和质量的全面提高。实行信息化，要求会计人员既要掌握会计专业知识，又要掌握相关的计算机知识、网络知识、信息管理知识等，因此，信息化将促进会计人员的知识结构向既博又专的方向发展，从而提高会计人员的素质。

（2）对内部控制制度的意义

其主要是内部控制的形式发生了变化：手工核算形式下会计人员按不同的分工，各司其职，组织会计工作的运转。而会计信息系统中的人员，除会计专业人员外，还有系统管理员和操作员等，按新的分工形式完成会计工作的运作。信息化后，会计的内部控制分为以组织控制措施为主的一般控制和以计算机控制程序为主的系统控制。

（3）对财务报告的意义

随着信息化的全面普及，财务会计与管理会计相结合，信息资源高度共享，信息使用者可以主动去获取符合自己需要的会计信息，财务报告将不再按对外对内进行区分，其列报方式也将有所改变。之前受人工信息处理能力的限制，会计报表往往局限财务数据及其相关信息的说明，实现信息化后，会计信息从收集、加工、传递到综合利用都实现了信息化，从而可以在深度和广度上扩展财务报告的内容，如增加不同的会计方法所加工的多种会计信息、对会计信息按信息使用者的要求进行深化、细化等，使财务报告在经营管理决策中发挥更大的作用。

(4) 对会计档案管理的意义

实行信息化后，会计档案和传统会计档案有很大的区别，具备磁性化和不可见等特点，因此需要建立适应信息化环境的会计档案管理制度，如会计档案打印输出制度、数据备份管理制度等，并且要做好相应的安全保密措施，防止会计数据丢失、泄露。

(二) 对现代会计的意义

首先，实现会计信息化以后，会计信息系统将真正成为企业管理信息系统的一个子系统。企业发生的各项业务，能够自动从企业的内部和外部采集相关的会计核算资料，并汇集于企业的内部会计信息系统进行实时处理。会计将从传统的记账、算账的局限中解脱出来，从而更大地发挥会计的管理控制职能，让企业经营者和信息使用者可随时利用企业的会计信息对企业的未来财务形势做出合理的预测，为企业的管理和发展做出正确的决策。

其次，对于会计主体而言，特别是传统的会计主体不再是拥有实实在在的资金和厂房的企业，它还将包括一些网上的虚拟公司和网络公司。这些公司为了共同的目标，会在短时间内结合在一起，当完成特定的目标后会很快解散，它的持续经营、会计分期和货币计量的基本前提都将会受到冲击。实现会计信息化后，企业网与外界网络实现了互联，会计信息的使用者可以随时获取有关的会计信息。由于信息技术的全面应用，极大地提高了信息的及时性，信息的预测价值和反馈价值也大大提高，信息的流速也大大加快，有力地促进了经济管理水平的提高。另外，通过会计信息系统直接获取相关数据并进行分析，减少了人为的舞弊现象，从而也大大提高了会计信息的可靠性和信息的质量。

最后，实现会计信息化后，会计软件的处理流程将不再是单纯模拟手工会计的处理流程，会计也不再是孤立的系统，而发展为一个实时处理、高度自动化的系统，与其他业务系统和外界连接，可以直接从其他系统读取数据，并进行一系列的加工、处理、存储和传输。会计报告也可以采用电子联报方式进行实时报告，用户可以随时获取有用的会计信息进行决策，从而提高工作效率，促进经济的发展。

八、我国会计信息化的发展趋势

(一) 向“管理一体化”方向扩展

“管理一体化”是指从整个单位的角度开展计算机在管理中的应用工作。会计信息化工作只是整个管理信息化的一个有机组成部分，需要其他部门信息化的支持，同时也给其他部门提供支持和提出要求。如今许多单位的会计信息化工作已有了一定的基础，具备了向其他部门扩展的条件。网络、数据库等计算机技术的发展也在技术上提供了向管理一体化发展的可能。从发展趋势来看，会计信息化工作将逐步与其他业务部门的信息化工作结合起来，由单纯的会计业务工作的信息化向建立财务、统计信息综合数据库、综合利用会计信息的方向发展。

（二）软件技术与管理组织措施日趋结合

会计信息化是一个人机系统，仅有一个良好的软件是不够的，必须有一套与之紧密结合的组织措施，才能充分发挥其效用，并保证会计信息的安全与可靠。在会计信息化的初期，工作重点主要放在软件的开发与应用上。随着会计信息化工作的进一步深入，与会计信息化应用相适应的管理制度在实践中得到了逐步的提高和完善。

（三）会计信息化的开展与管理将向规范化、标准化方向发展

会计信息化的宏观管理将向规范化和标准化过渡。规范化的软件开发、验收规范，标准化的文档、管理制度、数据接口将逐步形成和完善。

（四）会计软件技术发展趋势

1. 支持跨平台运行

支持跨平台运行就是同一套程序编码可以在多种硬件平台和操作系统上运行，以便企业根据业务需要和投资能力选择最合适的平台，并且帮助企业顺利实现不同应用水平阶段的平稳过渡。在企业建设管理系统初期，可能选择普通的 PC 网络，投资相对较低，但随着应用规模的扩大，需要更大的处理能力的硬件环境，如选择中小型机、服务器等。这样一来，跨平台的软件系统显示出很好的优势，也能充分保护用户的投资。

2. 支持多种应用系统数据交换

不少企业已经建立了各自的应用系统。在电子商务时代，企业将会要求新系统能与原有系统进行数据交换和集成，从而有效利用已有投资。例如，已经采用会计软件的用户，希望整个销售和生产管理系统也能与目前的信息化会计系统进行数据共享。企业间（特别是企业与供应商之间、企业与客户之间）的数据交换将帮助企业有效提升整个供应链的竞争力。

3. 系统高度集成

进入系统的数据要能根据事先的设定以及管理工作的内在规律和内在联系，传递到相关的功能模块中，达到数据高度共享和系统的高度集成。

4. 分布式应用

新一代的会计信息系统是超大规模的，它将不再是集中在同一局域网络服务器上的系统，因此基于云计算的分布式应用和分布式数据库是会计软件的一个重要特征。

5. 多语种支持及个性化用户界面

跨国企业的管理和企业的跨国交易必然带来对会计软件多语种支持的需求。一套应用系统应当可以按照用户的设定，在不同的用户端显示不同语种的应用界面。由此还可以引申出另一种功能，即可以由用户来自行设定应用系统输出界面上使用的术语和界面格局，形成个性化的用户界面，不同行业的用户也可以面对专业性更强的界面。

6. 提高可靠性和安全性

大规模的系统、分布式应用、广泛的网络连接需要系统具有更高的可靠性和更强的安全控制。远程通信线路故障、多用户操作冲突、共享数据的大量分发与传递，需要会计信息系统有超强的稳定性，并能够对出现的各种意外情况做出正确处理。黑客入侵、越权操作等现象需要会计信息系统有健全的安全防线。对系统内部数据记录的存取及删改权限的管理，系统操作日志的建立等，都是必不可少的安全措施。

7. 面向电子商务应用

随着电子商务技术的发展，企业各种对外的业务活动已经延伸到了互联网上，实现网络经营。所以，新的系统要能从企业的实际出发来设计电子商务工作模式，实现财务、电子商务一体化。

（五）计算机审计将由绕过计算机审计向穿透计算机审计发展

随着信息化管理体系的逐步形成，复合型会计信息化人才的不断涌现，计算机审计技术的不断发展，我国的计算机审计工作将由绕过计算机审计向穿透计算机审计发展，从而更充分地保证会计信息的真实可靠，保护单位和国家的经济利益。

第二节　会计信息系统的开发与应用

从广义上来说，由于会计本身就是一个信息系统，会计信息系统也就等同于会计。但通常我们所说的“会计信息系统”是指狭义的，也就是计算机会计信息系统，而不包括手工会计等非计算机的会计处理方式。本节所讲述的会计信息系统指代的是计算机会计信息系统。

会计信息系统是一个面向价值信息的信息系统，利用信息技术对会计信息进行采集、存储和处理，完成会计核算任务，并能为企业提供进行经济活动管理和监控所需要的分析、决策用辅助信息。其核心部分是功能完备、性能良好、结构合理，并符合我国会计法和相关会计制度的会计软件。在信息社会里，企业会计工作中常规的、可程序化的任务将由会计信息系统进行自动化处理，同时会计信息系统还将辅助会计人员完成其他管理与决策任务。在企业资源计划环境下，会计信息系统是企业管理信息系统中一个重要的子系统。

一、会计信息系统的开发

（一）开发目标

会计信息系统是为企业服务的，会计信息系统的目标应服从企业、信息系统、会计三者的目标。因此，会计信息系统的目标可以确定为向企业内部、外部的管理者和决策者提供所需的会计信息和有价值的非会计信息。在此目标下，会计信息系统的基本功能是利用各种会计规则和方法，加工来自企业各项活动的数据，产生会计信息，以辅助人们利用会计信息进行决策，而会计软件则是将这些会计规则和方法综合形成软件中的处理功能。

（二）开发组件

会计信息系统的组成部分包括计算机硬件、计算机软件、会计数据、会计人员、系统运行规范。

1. 计算机硬件

计算机硬件是指进行会计数据输入、处理、存储及输出的各种电子设备，如输入设备有键盘、扫描仪等；数据处理设备有计算机主机等；存储设备有磁盘、光盘、U 盘等；输出设备有打印机、显示器等。

2. 计算机软件

计算机软件包括系统软件和应用软件两类。系统软件是保证会计信息系统能够正常运行的基础软件，如操作系统、数据库管理系统等。在会计信息系统中应用软件主要指会计软件，它是专门用于会计核算和会计管理的软件，是会计信息系统的一个重要组成部分，没有会计软件的信息系统就不能称为会计信息系统，拥有会计软件是会计信息系统区别其他信息系统的主要因素。

3. 会计数据

会计数据是经济业务的记录，是会计信息系统的处理对象，通常也把经过会计信息系统加工处理、对决策者有用的会计数据称为会计信息，会计信息系统的目标就是向系统的一切使用者提供所需的会计信息。

4. 会计人员

会计人员是指会计信息系统的使用人员和管理人员，包括会计主管、系统开发人员、系统维护人员、凭证录入人员、凭证审核人员、会计档案保管人员等。会计人员是会计信息系统的应用主体，如果没有一支高水平、高素质的会计人员和系统管理人员队伍，即使有再好的软硬件，会计信息系统也不能稳定、正常地运行。

5. 系统运行规范

会计信息系统的运行规范是指保证会计信息系统正常运行的各种制度和控制程序，如硬件管理制度、数据管理制度、会计人员岗位责任制度、内部控制制度等。

二、会计信息系统的应用

（一）建立方式

会计信息系统的建立一般有以下几种方式。

1. 自主开发

自主开发指企业自行组织人力、物力进行会计信息系统的开发设计工作，所开发的软件能够完全符合企业会计处理的特点，但成本很高，开发周期较长，并且容易模仿企业原有的会计处理流程，起点较低，不利于提升企业会计信息化水平。通常只有大型企业有特殊需求时才会采用此种方式。

2. 购买商品化会计软件

购买商品化会计软件指企业在市场上选购适合本企业需要的商品化软件，经过实施后建立会计信息系统。购买软件相对于自主开发来说成本较低，建设周期短，但商品化会计软件不一定能完全符合企业会计处理的特点，通常中小企业都采用此种方式。

3. 委托开发

委托开发指企业委托会计软件开发方（会计软件公司）根据企业的具体情况进行会计信息系统的开发设计，并负责会计信息系统的实施。委托开发结合了自主开发和购买软件两者的优点，目前大中型企业多采用此种方式。

4. 租用服务系统

租用服务系统指企业无须自行开发或购买，而是向会计服务供应方租用系统和服务，通过网络将企业的会计数据上传到服务系统中，经过系统处理后再将所需的会计信息反馈给企业。随着互联网技术的发展，此种方式正逐渐引进国内，是未来中小企业信息系统建设的方向。

（二）实施步骤

会计信息系统的实施是指从信息系统项目立项开始直到新系统正式运行为止的所有阶段性工作，是一项复杂的系统工程，具体内容包括如下方面。

1. 明确目标并制订计划

由于会计信息系统的建设既需要硬件和软件的大量投资，又需要人力的长期投入，因此在建设之前，需要规划好建设的目标，并对有关设备、人员和资金进行系统的总体规划，制定好实施方案。

2. 对人员进行培训

建立会计信息系统意味着企业的管理和运作将使用一套全新的手段，因此要对所有相关人员进行培训，提高使用会计信息系统的能力，保证新系统的正常运行。

3. 分析需求并进行业务流程优化

建设会计信息系统前必须了解和分析企业当前的业务处理流程，并在此基础上结合会计软件的功能，对当前业务流程进行重新调整和优化改进，以提高企业业务处理的效率、提升管理水平。

4. 系统软硬件建设

系统软硬件建设包括计算机设备、网络、系统软件、数据库等软硬件平台的购置安装调试，以及会计软件的安装配置等。

5. 试运行系统

会计信息系统建立后，需要进行一定时间的试运行，通过试运行检查系统是否充分满足企业的要求，相关人员对系统的操作是否熟练，系统是否存在漏洞等，发现问题并及时修改。

6. 投入实际运行

经过试运行，确认会计信息系统能正常工作后，可以开始使用新系统，根据实际情况，可以停止使用旧系统或者并行一段时间再停止使用。在新系统开始运行后，还应定期进行审查，对运行中的问题及时处理和优化。

（三）应用管理

会计信息系统属于企业管理信息系统的一部分，因此其必然需要进行合理的管理。具体来说，需要注意把握如下三种制度。

1. 会计信息系统岗位责任制

会计信息系统是一个人机系统，信息处理工作由会计人员和计算机共同完成，因此在会计信息系统中，需要根据企业实际情况和系统的需求设置有关岗位，进行岗位分工，明确会计人员各自的职责范围，使会计工作得以顺利开展。会计岗位一般分为会计信息系统主管、软件操作员、审核记账员、系统维护员、数据分析员等。

2. 会计信息系统操作管理制度

会计信息系统操作管理制度具体包含如下三项。

①系统使用管理制度：包括专机专用、杜绝无关人员使用计算机、配备不间断电源避免断电导致数据损坏、数据定期备份等。

②上机操作管理制度：包括上机登记、密码管理、操作记录、输入数据及时核对、禁止在计算机上安装其他软件等。

③会计业务处理程序管理制度：按照会计信息系统的处理流程，对会计人员的操作进行相应的规范，要求按时进行凭证录入、审核记账、账表处理和输出等。

3. 会计信息系统内部控制制度

《中华人民共和国会计法》规定各单位必须建立健全内部会计控制制度。在会计信息系统中，内部控制相比传统手工会计的内部控制有很大的区别，会计处理的很多环节由人工改为计算机处理后，一些原有的内部控制措施如对账、试算平衡等失去必要性，或转入计算机内部。同时，由于现代信息技术的引入，又需要增加新的内部控制内容，整个内部控制的重心由对人的控制转向对数据的控制。具体的内部控制制度包括软硬件的管理、数据安全控制、操作人员权限控制、数据处理流程控制等。

第三节　大数据和人工智能技术对会计信息化发展的影响

随着科技的进步与发展，大数据技术与人工智能技术在人们日常生活中的应用越来越广泛，尤其是在企业的经营中，这两大技术发挥了巨大作用，并推动着会计信息化向前发展。但是，在利用这两种技术的同时，不可避免地会为企业会计发展带来风险。因此，本节就来分析与探讨大数据与人工智能技术对会计信息化发展的影响，并分析具体的对策。

一、大数据对会计信息化发展的影响

（一）大数据简述

“大数据”是一个体量特别大、数据类别特别大的数据集，并且这样的数据集无法用传统数据库工具对其内容进行抓取、管理和处理。

1. 大数据的内涵

对于现代社会而言，大数据这一事实不再只是简单的代表着一组数据，其产生还可以带来其他方面的重大意义。人们通过对大数据的分析，可以进一步获取更多智能的、有价值的数据信息。当前时代，各种设备和应用的运作都会与数据产生关系，这些数据在数量、方式、速度层面上的呈现都加剧了大数据本身所具有的复杂性，因此掌握准确的分析大数据的方法也就更加重要了。可以认为，能否使用准确的分析数据的方法将决定所获取的信息结果是否具有最大的价值。换言之，分析方法成为决定数据信息价值的因素。在此看法的基础上，当前社会中常见的数据分析的方法有哪些呢？大数据分析的方法包括以下五个基本方面。

（1）可视化分析（Analytic Visualizations）

大数据分析的使用者有大数据分析专家，同时还有普通用户，但是他们二者对于大数据分析最基本的要求就是可视化分析，因为可视化分析能够直观地呈现大数据特点，同时能够非常容易被读者所接受，就如同看图说话一样简单明了。

（2）数据挖掘算法（Data Mining Algorithms）

这种数据分析方法目前已经成为大数据分析的一种核心方法。对各种不同的数据进行挖掘，进而展开计算，其科学依据是数据的不同类型以及格式，这些方面是大数据本身特点的突出反映。这一统计方法是当前世界各个国家统计专家所公认的一种统计方法，利用这一方法可以深入信息数据的内部，进而找到数据的真正价值所在。另外，正是通过这一方法，人们可以在计算数据的基础上对这些数据展开快速处理并尽快得出想要的结果。如果一个数据计算方法得出结果需要花费好几年的时间，那么大数据的价值也就不复存在了。

（3）预测性分析（Predictive Analytic Capabilities）

大数据分析最重要的应用领域之一就是预测性分析，从大数据中挖掘出特点，通过科学的方法建立模型，之后便可以通过模型带入新的数据，从而预测未来的数据。

（4）语义引擎（Semantic Engines）

大数据分析广泛应用网络数据挖掘，可从用户的搜索关键词、标签关键词，或其他输入语义，分析、判断用户需求，从而实现更好的用户体验和广告匹配。

（5）数据质量和数据管理（Data Quality and Master Data Management）

大数据本身的质量以及对这些数据进行管理的意义是十分重大的。只有通过对高质量的数据展开分析与管理，所得出的结果才能有效运用到学术领域或者商业领域中，这些结果的价值与作用才能真正得到体现。

以上方面就是大数据得以分析和应用的基础所在，当然上述方面也不是全部概括了大数据分析的作用。随着时代以及社会的快速发展，人们通过对大数据的深入分析，将会找到并发现大数据本身更加深厚的价值以及特点，当然这些价值的发现离不开合理、准确的数据分析方法的使用。

2. 大数据的特点

要理解大数据这一概念，首先要从“大”入手，“大”是指数据规模，大数据一般指在 10TB（1TB=1024GB）规模以上的数据量。总之，大数据指的是大型的数据集合，它具有如下特点。

（1）体积庞大

通常，体积庞大指的是大数据一般为 10TB 以上规模的数据。然而，在现实生活中，各个地区的大型企业联合起来，将自己所拥有的数据都集合在一起，从而形成了 PB 级别的数据形式。

（2）类别大

类别大指的是大数据的来源是多种多样的，现实生活中各个领域中所产生的数据都汇集起来，并且在种类以及格式上越来越丰富。当前，大数据的类型已经超越了以往人们心目中的数据结构范畴，不仅包括半结构化数据，而且还包括非结构化数据形式。

（3）对数据的处理速度非常快。当数据的规模和数量非常庞大时，人们同样可以利用当前的科技来快速处理手中的数据，从而获取自己的结果。

（4）具有真实性

当社会生活中出现了以企业内容为数据、以社交为数据、以应用为数据的来源之后，人们心目中的传统数据定义已经被推翻了。大数据来源于现实生活中，使得自身的真实性得到有效保证，进而人们通过真实数据所获取的结果也往往是有效和有价值的。

当然，大数据的鲜明特点并不仅仅局限于数据大或者 4V（Volume、Velocity、Variety 和 Valne）这类的简单论述中。大数据的鲜明特点还体现在人们可以利用各种大规模的数据来实现一定的目的，而这种目的通过小规模数据往往是无法实现的。换言之，人们可以利用大数据对海量的数据展开分析，取得令人瞩目的价值，进而为社会提供更大的服务，在逐步的改革中形成一种变革的力量。

3. 大数据的价值

（1）挖掘市场机会

企业团体通过分析大数据可以充分挖掘市场，同时对市场展开进一步分化，针对市场上的不同群体制订有针对性的销售行动。企业获得产品创意的基础，就在于充分掌握消费群体的购买需求，那么如何来获取这种信息呢，如何有效挖掘出人们心中的消费品概念呢？其中一个有效的方法就是利用大数据。通过分析大数据，人们可以了解消费者的生活和消费习惯，掌握消费者的购买密码，进而为消费者提供满足他们需求的产品。如果企业能够掌握消费者的消费密码，那么这家企业就可以了解消费背后客户的真正需求。简言之，大数据是企业确定供应商、创新产品、确定消费客户、把握消费旺季的有效方法之一。对大数据进行快速、高密度分析和调查，所得出的结果可以帮助企业准确、及时地获取数据。通过分析大数据并统计结果，企业可以进一步挖掘和细分市场，进而大大提升企业的整体商业模式，在产品以及服务上为消费者提供更贴心的服务，而且还可以有效缩短产品的研发时间。通过大数据，企业的商业决策水平得到了大幅度提高。据此可知，大数据可以帮助企业开拓新的商品市场，帮助企业合理利用各方面的资源以及目标市场，有助于企业制定精准的销售策略，有助于企业降低经营上的风险。

（2）提高企业决策能力

通过大数据制定决策具有一定的特点。首先，从量变发展到质变。人们大范围挖掘数据，同时根据数据获取信息，自然所获取的信息完整度比较高，依据这种完整信息进行决策，那么决策的合理性就大大提高了，人们不会再盲目拍脑袋决策重要事情了。其次，决策的知识含量、技术含量大大提高。云计算的普及为人们提供了很大的方便，对于海量的数据信息，人们不再手足无措，通过云计算人们就可以顺利处理和驾驭海量的数据，进而通过数据来制定产生较高价值的决策和信息。最后，大数据为人们确定了很多在以前看起来难以确定的重大方案。例如，人们想要做一个准确的经济计量模型，那么就需要建立在企业、居民、政府各个方面的决策以及行为数据的基础上，进而通过对数据的分析得出一个最佳的方案。

（3）创新企业管理模式

当前，已经很少有企业还像以往那样要求员工了，即无条件服从上级指示，也很少有企业高层通过中层管理来掌控下属以及传递信息。传统的企业管理模式已经过时，在当前信息大爆炸的时期，如果再对员工进行严格控制，严禁他们猜测或者传播内部小道消息往往是不明智的，因为这显然会大大降低企业的工作效率。社会管理学家认为，企业内部的关系有两种：一种为成本中心，另一种为消耗中心。如果一个企业无法有效掌控这两个中心，即降低成本以及消耗，那么在当前瞬息万变的竞争环境下，这种企业是很难得到长久生存和发展的。当前，科学技术的飞速发展大大提高了机器的性能，机器的效率由芯片来决定，管理系统从最初重视系统完整以及各个部门之间的配合关系，到现在已经发展为注重人脑的运用或者机器的使用，通过把控信息流程来充分满足职工的要求，进而激发更大的创造力。对于企业管理而言，收集以及传递信息是关键，而这一任务的完成现在就可以充分依赖大数据技术。大数据的本质就在于对内部信息数据进行挖掘、关联以及整合，在此基础上创造新的价值。可见，管理与大数据在特征上体现出高度的契合性，在一定程度上可以认为大数据已经成为企业管理的又一个重要工具。因为对于当前的任何企业而言，信息已经成为一种财富，企业家只有从整个企业的大局着眼，充分利用大数据的信息价值，在决策上果断，才能为企业的未来发展提供更好的决策服务。

（4）变革商业模式

在当前的信息技术革命下，大数据的普及成为价值的核心，人们通过数据更新了商业模式，新型商业模式大量出现。企业只有准确把握市场所出现的良好机遇，利用大数据来更新整体的商业模式，才能在大数据时代创造出更加辉煌的成绩。企业可以充分利用大数据来更新产品，提升服务质量，充分改善企业在消费者心目中的形象，同时还可以利用大数据来发明崭新的商业模式。纵观 IT 技术的发展历史可以得知，每一次 IT 领域的技术变革都将对企业的商业模式带来彻底的改变和影响。企业利用大数据的分析技术可以挖掘、分析、整合自身的各种数据，建立一个完善、系统的数据系统，这将有助于企业自身结构以及管理体系的巩固与完善。另外，随着消费者个性消费需求的大幅度增长，大数据越来越显示出自身的作用与价值，并已经在逐步改变着很多企业的发展路径以及商业模式。例如，利用大数据可以对柔性制造技术的个性化定制路径进行完善，进而对制造企业进行升级改造。通过大数据技术可以建立和完善现代物流体系，如此可大大提高传统物流的效率。

（5）拓展个性化发展

以前，人们看病的时候医生给出的诊断结果往往都是当前的，现在利用大数据，医生可以对患者以往的所有就诊数据进行分析，进而根据遗传变异、特定疾病以及特殊药物的反应等之间所具有的关系，实现一种个性化的治疗。此外，医生还可以在患者出现某一种疾病的症状之前，为患者提供及时的检测与诊断。早期的发现与治疗将会大大减少卫生系统的负担，因为早期治疗费用远远小于后期的治疗费用。

在大数据技术的大力支持下，教育体系将发生翻天覆地的变化：可以实行弹性学制、对学生进行个性化辅导、开展家庭与社区学习等。通过大数据，教育体系中的教师可以根据学生个人的特点来制订学习计划，从而充分发挥学生的天分以及学习能力。

此外，有学者还提议政府部门应该尽力去补充数据库的内容。因为政府在以往可以对财政提供补贴，那么现在对数据库同样可以提供补充，进而实现创意服务。例如，美国当前就有完全依靠政府建立的数据库，这些数据库可以为企业提供各种各样的数据，这些数据还可以为个人、消费者提供生活上的便利服务，这不得不说是一种创新。

（6）大数据有助于驱动智慧和谐社会

近年来，在国内，“智慧城市”建设也在如火如荼地开展。在治安方面，人们可以利用大数据来监控、管理、分析犯罪的信息与模式，对犯罪的趋势进行有效预测，目前国内很多地区都已经开始利用大数据的价值来打击犯罪行为了。在交通方面，人们可以收集公交车、地铁站的刷卡记录，同时根据对停车收费站、道路摄像头等信息的整理来预测交通规则，对交通线路进行合理设计、调整发车密度、控制车流状况，从而及时对交通拥堵进行梳理，减少城市交通的负担。在医疗方面，很多城市已经对病人的档案实现数字化管理，对临床病人的各种状况进行数据收集和分析，有助于医疗研发、远程诊疗等程序的进行。

（二）大数据对会计信息化发展的意义

大数据是近些年来的一个新兴概念，其是信息大爆炸时代特征的反映，以云技术、互联网为依托，传输与应用海量的数据。在这样的背景下，会计也必然会受到影响，并且会计工作者的工作效率也大大提高。具体来说，大数据对会计信息化发展的意义如下所述。

1. 降低会计信息化运行成本

建设会计信息化系统，必然需要计算机技术、网络技术的支持。而网络计算机技术基础的花费源于两个层面：一个是硬件购买，另一个是软件建设。软件建设的费用较高，并且对软件的运行也是一个长期的任务，相关人士需要具备专业技能，需要投入大量的时间展开操练，也必然需要投入大量的资金，因此很多企业尚且不能开展独立的软件建设。

大数据时代下，企业通过云计算、互联网技术，在各种资源中获取信息，以满足自身需要。它们不需要投入大量的资金，只需要一些研究人员与一定的时间，付少量的费用就可以进行软件建设，从而享受大数据对会计信息化产生的便利。

2. 为企业提供财务资源共享平台

近些年，全球化进程在不断加快，跨国企业迅猛发展，并且在全世界建立了很多分公司。这些跨国公司可以利用大数据技术，为企业建构一个云端的财务共享系统，让子公司对总公司的运行情况有所了解，从而更快捷地处理资金问题。

对于会计行业来说，运用大数据技术可以有效地推进企业建构财务资源共享平台。利用这一平台，企业的各个公司之间能够有效进行资源共享。简单来说，这一平台的建立为企业的会计信息化提供了丰富的数据和资源，便于会计开展下一步的工作。

3. 提高会计信息化的工作效率

大数据时代下，很多企业通过网络可以实现互联网信息的共享，从而方便获取资源与信息，减少人们在传统图书馆中寻找资源所耗费的精力与时间，提高会计信息化的效率。

对于会计人员来说，他们可以运用大数据技术快速建立财务报表，使各个部门间共享会计信息技术人员提供的资源与数据，将烦琐的流程加以简化，提升自身的工作效率。

对于一些跨国企业而言，大数据超越了时间、空间等的限制，有助于不同地区的人们同时处理同一份文件，可以加强彼此之间的沟通与协作，提高彼此的工作效率。

（三）大数据背景下会计信息化发展的问题与应对策略

大数据时代下，会计信息化现象越来越凸显。大数据技术的运用使会计业务的工作效率越来越高，也逐渐降低了相对应的消耗成本，但是也必然会带来一些风险，下面就来分析这些风险问题，进而分析具体的应对策略。

1. 大数据背景下会计信息化发展的问题

（1）会计信息化共享平台存在安全隐患

大数据会计信息化共享平台是会计信息与资源共享的重要基石，因为企业之间只有以平台为依托才能实现资源共享，当然会计信息化中也需要依托资源共享。以网络作为载体，会计的工作变得更为快捷，但是一些安全隐患也是不可避免的。如果网络出现漏洞，那么就必然会造成会计信息的泄露，有些竞争企业甚至会运用黑客对其他企业的会计信息进行窥探，最终必然会造成企业的经济损失。同时，一些企业对会计人员的网络信息安全意识的培养也未加以重视，因此导致未能做好网络系统升级与“防火墙”修护。

除此之外，当前很多会计信息化共享平台以用户名、密码作为保护手段，但是这一手段本身是存在安全隐患的，容易受到木马入侵，导致企业很少运用这一平台，这在一定程度上限制了会计信息化的发展。

（2）法律规章制度建设落后

对于会计信息化的发展来说，国家的法律法规是其重要的保障依据，虽然近些年已经颁布了一些相应的法律法规制度，并且在财务纠纷中得到了应用，但是在实际的应用中仍旧存在一些不足。

具体来说，现有的一些法律规章条款不够详细、明确，在实践指导环节未发挥应有的作用。同时，随着云计算、大数据技术的发展，与之对应的法律法规制度仍旧不足，未能有效解决会计信息化存在的问题。因此，这些都给会计信息化的发展带来了不利影响。

（3）会计人员整体素质不高

随着现代化科学技术的发展，计算机越来越普及，会计信息化发展成为企业合理化管理的重要路径，通过计算机对会计信息数据加以处理具有重要的时代意义。这也在一定程度上对会计工作人员提出了更高层次的要求，但是当前的会计工作人员认知水平、能力水平还有所欠缺，无法与当前的会计工作要求相符，这不仅降低了自身工作的效率，甚至还会出现会计数据计算不准确的情况，最后直接影响企业的健康发展。

2. 大数据背景下会计信息化发展的应对策略

（1）完善共享平台，注重信息安全

大数据时代下，共享平台无疑成为今后会计信息化发展的重要趋势之一，为企业的会计核算带来便利。通过共享平台，合作企业可以传输信息与资源，推动资源整合，解决企业之间资源、信息不对称情况。

为了避免风险因素，共享平台的建设需要多方通力合作。第一，政府部门应该提供资金与技术支持。第二，企业之间对共享平台的推动作用持有正视态度，对共享平台的缺点进行补足，让共享平台能够真正推动会计信息化的发展。

除此之外，为了推进会计信息化的发展，企业应该对信息的安全防护予以侧重。一方面，企业要对会计数据采取隔离措施，对数据进行秘钥处理。另一方面，企业应该保证用户认证机制的安全性，通过动态密码、U 盾等，避免出现擅自访问问题。另外，企业应该严防黑客攻击与病毒入侵，通过网络隔离、杀毒软件等实施防护，实现对会计信息化数据的安全管理。

（2）完善相关的法律法规制度

针对当前会计信息化法律法规的缺乏，我国政府应该正视这一问题，在对我国会计信息化发展情况有清楚了解的基础上，推进相关的法律法规的出台，让企业在会计信息化发展中真正做到有法可依，受到法律的保护。

但不能忽视的是，除了对会计信息化制定相关法律法规，国家也应该注重信息安全，为会计信息化制造一个安全的环境，从而防范风险，保障国家利益免受损失。

（3）提高会计工作人员的综合素质

在会计信息化的发展中，会计工作人员为主要的参与者，会计人员的综合素质对会计信息化发展有着直接的影响。当前，提高会计工作人员的综合素质，提升他们新时期良好的会计基础与操作能力，是推进会计信息化的重要路径。

要想提升会计工作人员的综合素质，需要做到以下几点。第一，做好会计信息化的宣传工作，提升他们的责任意识，调动会计工作人员的积极性与主动性。第二，提升会计信息化建设的投入，定期对会计工作人员进行教育与培训，建立交流共享平台。第三，制定相应的奖惩机制，明确会计工作人员的岗位职责，提升他们的工作能力。

二、人工智能对会计信息化发展的影响

（一）人工智能简述

人工智能（Artificial Intelligence），英文缩写为AI。它是研究、开发用于模拟、延伸和扩展人的智能的理论、方法、技术及应用系统的一门新的技术科学。

人工智能是计算机科学的一个分支，它企图了解智能的实质，并生产出一种新的能以人类智能相似的方式做出反应的智能机器，该领域的研究包括机器人、语言识别、图像识别、自然语言处理和专家系统等。人工智能从诞生以来，理论和技术日益成熟，应用领域也不断扩大，可以设想，未来人工智能带来的科技产品，将会是人类智慧的“容器”。人工智能可以对人的意识、思维的信息过程的模拟。人工智能不是人的智能，但能像人那样思考，也可能超过人的智能。

（二）人工智能对会计信息化发展的意义

随着人工智能应用技术的发展，以及传统会计工作人员对未来的担忧，使人工智能与会计核算与监督工作的结合成为必然。通过人工智能技术，可以更好地明确会计信息化、智能化未来发展的趋势，更好地帮助会计工作人员完善自己的工作，提升自己的工作效率。

1. 处理会计信息与账目的效率更高

人工智能的运用使基础会计核算更加便利，对信息处理能力较强，如银行业由于金融业务广泛，会产生较多的财务信息与明细。由于这些复杂性，必然需要实行会计信息化，这样可以降低传统会计工作人员的负荷。人工智能的应用，有助于将公司的生产环节、销售信息、供销网络等都录入系统，同时将优化的结果加以呈现与反馈，消除管理层与财务部门的沟通障碍，解决会计信息核算的难题，提升会计工作人员的核算效率。

2. 有助于形成企业会计信息与政府监督机制的联动

在会计监督过程中，事实认定环节尤为重要，这要求企业对会计资料或数据有明确的评判标准，如哪个地方存在问题，哪些需要改进。在传统的会计监督体系下，会计人员需要对企业经营中的总资产、流动与非流动资产、总负债、流动与非流动负债等做出合法、合理的分析，适时了解自己的会计信用等级，明确以往会计监督中的不合理成分等，但是由于工作效率低，往往监督效果差，同时无法与政府监督机制相契合。人工智能的应用在

一定程度上防止人为因素的介入对会计监督工作的影响，能够很好地与外部监督机构、政府部门通力合作，从而推进现代企业会计监督的有效实施。

3. 使会计信息得到更好的保障

人工智能是一个庞大的信息化体系，基于人工智能构建会计信息系统为现代企业会计信息数据的安全提供了有力保障。在人工智能下，会计信息更为安全，为会计信息建构了反病毒、反垃圾网络信息，同时能够保障客户信息资料的安全，提供互联网安全解决方案，并为企业配置相关的安全产品，这些都有助于会计信息安全技术体系的形成，更好地保障会计信息安全。

（三）人工智能背景下会计信息化发展的问题与应对策略

在财务管理中运用人工职能可以使传统的会计处理迈上一个新的台阶。人工智能在财务管理中的应用不仅体现在对财务管理硬件的改进，更在于对财务管理理念的革新。会计信息的精准、数据分析效果的智能化为企业发展提供了更科学的依据。但是由于人工智能技术仍旧处于起步阶段，其在会计信息化中的运用还需要进行不断的探索，而探索的过程必然充满了挑战。

1. 人工智能背景下会计信息化发展的问题

（1）人工智能理念在会计信息化管理中尚未成型

人工智能的概念产生于20世纪70年代，并在各行各业、各个领域渗透。过去的人工智能只存在于科幻小说之中，对于人类智慧的模仿，人们既渴望又恐惧，但是随着时代的发展，人工智能的面纱被揭开，人们逐渐转变了对人工智能的态度。但是在实际的运用中，由于人工智能技术处于起步阶段，更多人仅限于对其非常好奇，而未将其作为一种发展技术而广泛运用。在现代信息化发展的背景下，会计信息化水平不断提升，人工智能的介入可谓水到渠成的事情，但是很多企业仍旧处于观望态度，对其中的利弊分析得不够透彻，从而严重影响了人工智能技术在会计信息化中的运用。

（2）会计信息化管理软件之后，影响了人工智能的运用

人工智能要想应用于会计信息化管理之中，就必然需要一定的硬件条件，但是在目前的会计信息化管理中，其信息化软件较为滞后，因此严重影响了人工智能技术的普及。例如，目前国内企业普遍应用的会计信息化管理软件，在模块设计上主要有总账、报表核算、成本核算等，会计工作人员可以通过人工录入实现数据的整合，但是其会计信息化工作主要局限在会计核算环节，由于缺乏管理内容，使企业在采购、生产、经营等层面很难

获得有效的会计信息，而人工智能程序虽然能够在基础会计核算中发挥作用，但在会计信息管理领域的应用还有所欠缺。

（3）人工智能的应用使会计信息安全受到威胁

与信息技术发展应运而生的必然是安全问题，任何一个软件系统都不可能是完美的，其中必然存在某些漏洞，并且这些漏洞很容易让黑客进入。就某种角度而言，软件的更新就是针对系统入侵而形成的。企业管理的核心在于会计信息管理，如果会计信息出现泄露，那么必然会给企业带来巨大的经济困难，但是当前的会计信息化发展过程中，这些漏洞如果防护不到位，很容易被入侵，甚至遭到恶意攻击。

（4）人工智能对会计工作人员具有一定的替代性

人工智能的介入使会计工作人员的工作更为快捷，但是在减轻他们负担的同时，会计工作人员的工作也会被某种程度的替代。虽然人工智能还不具备自主学习能力，但是其智能化识别信息、分析数据的能力非常强大，这对于人脑来说是很难实现的。因此，当前的很多会计工作人员对人工智能的“入侵”持有否定态度，认为自己的工作岗位遇到了威胁。

2. 人工智能背景下会计信息化发展的应对策略

（1）提高认识，明确人工智能与会计信息化发展的趋势

随着时代的发展，人工智能已经成为会计信息化发展的题中要义，因此各个企业都应该持有端正的姿态，从时代的发展与自身需要出发，给予人工智能充足的空间。

人工智能为会计信息化发展提供了重要方向，使会计工作人员从繁重的工作压力中解脱出来，提升了会计信息传递的效率。当然，对于会计信息化来说，社会分工的需求要求企业在发展中应该与人工智能研发机构紧密结合，避免人工智能在“跨界”过程中遇到阻力，丧失其核心优势。另外，还要看清人工智能对企业会计信息化发展思路的转变，利用网络思维对人工智能进行评估，从而进一步优化会计信息化管理。

（2）改善会计信息化管理硬件条件，发挥人工智能的作用

会计信息化管理的重要趋势在于实现从核算会计转向管理会计。人们对于人工智能的希望不仅限于替代重复的工作内容，还在于对其学习能力的挖掘与应用，能够自动整合、识别数据，做出决策。在会计信息化发展中，企业不仅要增加人工智能研究的投入，还要对会计软件进行优化，以迎合时代发展的要求。

（3）科学分析人工智能的漏洞，保证会计信息安全

在人工智能背景下，会计信息管理不能因噎废食，不能因为其存在威胁就完全否定其

价值。人工智能作为一段程序，必然存在某些漏洞，因此在技术研发中，应该将“大门”关严，不断进行技术层面的革新，做好防护措施，以保证会计信息的安全。

（4）提高会计人员素养，合理应对人工智能入侵

会计工作具有严谨性与及时性，会计人员在操作中不仅涉及多个程序，更涉及多个烦琐的记录，正是由于这些沉重的负担，使会计人员更加期待人工智能的时代，利用人工智能实现会计信息的整合。而人工智能时代的到来，会计工作人员并没有显得多喜悦，而是充满了担心，因为其对会计工作人员提出了更高层次的要求，会计工作人员必须对自己的职业进行重新规划。首先，他们应该提高自己的会计电算化水平；其次，他们应该从单一的财务会计转向复合型人才，发现自身的不足，重新审视自我，实现自己的价值。

参考文献

[1] 杜俊娟. 会计基础理论与实务 [M]. 上海：上海财经大学出版社，2021.

[2] 李欣，徐文思，李杉杉. 新时期会计基础理论与实务研究 [M]. 太原：山西经济出版社，2021.

[3] 莫晓莉，丁宇明. 基础会计理论 [M]. 广州：广东人民出版社，2021.

[4] 陈强. 会计学基础非财务会计类专业使用 [M]. 上海：立信会计出版社，2021.

[5] 李松，刘艳清，刘蔓青. 会计基础理论 [M]. 长春：吉林人民出版社，2020.

[6] 陈桂菊，段云平. 零基础学会计 [M]. 上海：立信会计出版社，2020.

[7] 秦欣梅. 基础会计第 3 版 [M]. 沈阳：东北财经大学出版社，2020.

[8] 徐国民. 基础会计 [M]. 北京：北京理工大学出版社，2020.

[9] 袁泉. 基础会计 [M]. 北京：中国政法大学出版社，2020.

[10] 周一萍，李月华. 会计学原理 [M]. 武汉：华中科学技术大学出版社，2020.

[11] 阎德玉. 会计学原理 [M]. 武汉：湖北科学技术出版社，2020.

[12] 段春明，柳延峥. 财务与会计制度设计理论与实务 [M]. 沈阳：东北财经大学出版社，2020.

[13] 张佃淑，张玉香，郭玲. 企业财务会计 [M]. 济南：济南出版社，2020.

[14] 姜晓琳，韩璐，杨硕. 财务会计基础及经济管理研究 [M]. 北京：文化发展出版社，2020.

[15] 莫玲，吴海燕. 会计学原理第 2 版 [M]. 北京：北京理工大学出版社，2020.

[16] 范婧. 新经济环境下基础会计理论与发展研究 [M]. 北京：中国商务出版社，2019.

[17] 张志萍，孙德营. 会计基础理论与实务 [M]. 郑州：河南科学技术出版社，2019.

[18] 陈兰. 会计理论基础与实践应用研究 [M]. 西安：西北工业大学出版社，2019.

[19] 李正章. 会计基础教育理论与实践研究 [M]. 咸阳：西北农林科技大学出版社，

2019.
［20］薛琳. 基础会计［M］. 北京：北京理工大学出版社，2019.
［21］吴福喜. 会计基础［M］. 杭州：浙江大学出版社，2019.
［22］张崇川. 基础会计［M］. 成都：电子科技大学出版社，2019.
［23］赵洁. 会计基础［M］. 上海：上海财经大学出版社，2019.
［24］周虹，耿照源. 会计学基础［M］. 杭州：浙江大学出版社，2019.
［25］严玉康，秦岚. 小企业会计基础［M］. 上海：立信会计出版社，2019.
［26］颜剩勇，廖文军，罗文兵. 基础会计学［M］. 沈阳：东北财经大学出版社，2019.
［27］吴国萍，胡静波，程方锋. 基础会计学第 5 版［M］. 上海：上海财经大学出版社，2019.
［28］赵文生，冯秀健. 财务会计理论基础与创新研究［M］. 昆明：云南科技出版社，2018.
［29］于吉斌. 会计基础理论研究［M］. 北京：中国纺织出版社，2018.
［30］舒军. 会计基础理论研究［M］. 北京：中国铁道出版社，2018.
［31］李冬辉. 基础会计［M］. 北京：中国铁道出版社，2018.
［32］薛洪岩. 基础会计第 7 版［M］. 上海：立信会计出版社，2018.